Gestão de startups:
desafios e oportunidades

GESTÃO DE STARTUPS:
desafios e oportunidades

CRIS ALESSI

inter saberes

Rua Clara Vendramin, 58 . Mossunguê . CEP 81200-170
Curitiba . PR . Brasil . Fone: (41) 2106-4170
www.intersaberes.com
editora@intersaberes.com

Conselho Editorial	Dr. Alexandre Coutinho Pagliarini
	Dr.ª Elena Godoy
	Dr. Neri dos Santos
	Dr. Ulf Gregor Baranow
Editora-chefe	Lindsay Azambuja
Gerente editorial	Ariadne Nunes Wenger
Assistente editorial	Daniela Viroli Pereira Pinto
Preparação de originais	Ana Maria Ziccardi
Edição de texto	Mille Foglie Soluções Editoriais
	Mycaelle Albuquerque Sales
Capa	Débora Gipiela (design)
	Abstractor e Alexander Limbach/Shutterstock (imagens)
Projeto gráfico	Stefany Conduta Wrublevski (design)
	Lais Galvão (adaptação)
Diagramação	Rafael Ramos Zanellato
Equipe de *design*	Débora Gipiela
	Iná Trigo
Iconografia	Sandra Lopis da Silveira e Regina Claudia Cruz Prestes

Dados Internacionais de Catalogação na Publicação (CIP)
(Câmara Brasileira do Livro, SP, Brasil)

EDITORA AFILIADA

Alessi, Ana Cristina Martins
  Gestão de startups: desafios e oportunidades/Cristina Martins Alessi. Curitiba: InterSaberes, 2022.

  Bibliografia.
  ISBN 978-65-5517-356-7

  1. Empreendedorismo 2. Empresas novas – Administração
3. Inovações 4. Investimentos 5. Liderança 6. Negócios
7. Startups I. Título.

21-85648   CDD-658.421

Índices para catálogo sistemático:
1. Startups: Empreendedorismo: Administração de empresas   658.421
Cibele Maria Dias – Bibliotecária – CRB-8/9427

1ª edição, 2022.
Foi feito o depósito legal.

Informamos que é de inteira responsabilidade da autora a emissão de conceitos.

Nenhuma parte desta publicação poderá ser reproduzida por qualquer meio ou forma sem a prévia autorização da Editora InterSaberes.

A violação dos direitos autorais é crime estabelecido na Lei n. 9.610/1998 e punido pelo art. 184 do Código Penal.

Sumário

Apresentação 11

Capítulo 1: Contextualização e conceitos básicos — 15

1.1 Contextualização 19

1.2 Conceitos básicos 26

1.3 Especificidade do ecossistema de startup 35

1.4 *Design thinking*: da visão à ideia 41

Capítulo 2: Um novo mercado — 51

2.1 Definições e construção do *business model* 53

2.2 *Business development* 63

2.3 Conceito e fundamentos para o MVP e validação 64

2.4 Modelo de receita das startups 68

2.5 Métricas de acompanhamento da startup 73

2.6 Pivotagem 93

2.7 Ajuste do modelo ao time 96

2.8 Planejamento e definição de metas para
o *product/market fit* (PMF) 107

Capítulo 3: Efeitos da legislação nos caminhos da inovação — 117

3.1 Lei Geral de Proteção de Dados.................................... 122

3.2 Regulamento Geral de Proteção de Dados na União
Europeia 126

3.3 Leis brasileiras de inovação...................................... 129

3.4 Lei de Informática 132

3.5 Movimentos importantes do governo federal 133

Capítulo 4: Busca por novos parceiros: investidores e sócios — 141

4.1 Levantamento de recursos e fontes disponíveis 143

4.2 Tipos e fases de investimentos.................................... 145

4.3 Preparação de startups e empreendedores
para apresentar o negócio 156

4.4 Conceitos de *cap table* e estruturação de planejamento
financeiro para preparar a rodada de investimento 165

4.5 Composição societária e formalização de acordos
com investidores... 168

Capítulo 5: Caminhos para expansão do negócio — 179

5.1 Abertura da segunda unidade 183

5.2 Sistema de franquia.. 183

5.3 Fusão e aquisição 186

5.4 Licenciamento de produto 188

5.5 Atuação na internet... 189

5.6 Adesão a novos mercados.. 191

5.7 Características do estágio *growth*.. 195

5.8 *Go to market* (estratégia de entrada no mercado)............. 199

5.9 *Customer success*.. 200

5.10 *Design leadership* em startups.............................. 203

Capítulo 6: Cenário brasileiro de startups   209

6.1 Gestão de startups na visão dos empreendedores
e investidores brasileiros.. 211

6.2 Fontes para pesquisa e consulta.................................. 218

Capítulo 7: Mudanças da sociedade após a pandemia da Covid-19   223

7.1 Breve histórico da evolução da doença............................. 226

7.2 Transformação digital acelerada.. 229

7.3 Startups no cenário
pós-pandemia 232

Considerações finais 239

Lista de siglas...243

Glossário 247

Referências...251

Sobre a autora..265

Agradeço ao ecossistema de inovação de
Curitiba – o Vale do Pinhão –, por ser inspiração
e fonte de conhecimento contínuo para
startups.

Aos meus queridos amigos Alphonse Voigt,
Leonardo Jianoti, Guilherme Coutinho
Calheiros, Rawlinson Peter Terrabuio e José
Evangelista Terrabuio Junior, pelas entrevistas
e conversas que constam neste livro.

Em especial, a Paulo Krauss, pela leitura e pelo
apoio durante toda a escrita.

Apresentação

As mudanças tecnológicas vêm provocando mudanças na sociedade. Pessoas e comportamentos se moldam a uma vida mais conectada e veloz, e empresas de tecnologia são protagonistas nesse cenário. Constantemente são lançados produtos tecnológicos, movimentando altos investimentos em um mercado promissor. Isso tem inspirado empreendedores a colocar em prática ideias e a contribuir para a sociedade.

Ao longo deste livro, demonstraremos, porém, que uma ideia não é nada sem execução. Para criar, gerir e ter sucesso com uma empresa de base tecnológica – uma startup –, é preciso dar passos sólidos, planejados e eficientes.

Nesta obra, abordaremos, do conceito à prática, o dia a dia dessas empresas da nova economia, detalharemos como é o perfil desse novo empreendedor e dos profissionais que trabalham nesse mercado e apresentaremos o cenário digital em que estão inseridos.

A mídia, as histórias de sucesso, os valores vultuosos de investimentos em startups podem criar a falsa impressão de que é fácil conquistar o sucesso, mas a gestão de uma empresa que tem crescimento acelerado em um mercado de extrema incerteza pode se tornar o principal desafio para seus fundadores. Esse é o ponto de partida deste livro. Os desafios e as oportunidades que precisam ser levados em conta em cada momento do negócio. Contextualização histórica, ações práticas e visões de futuro serão expostas ao longo deste livro.

Ao final da leitura, esperamos que o leitor possa identificar com clareza os principais fatores de sucesso para negócios inovadores. Para possibilitar o alcance desse objetivo, o livro está estruturado em sete capítulos.

No primeiro deles, fazemos uma contextualização sobre o mercado de startups e conceitos relevantes, como o que é empreendedorismo, startup e ecossistema.

A partir do segundo capítulo, enfatizaremos assuntos práticos que afetam a gestão da startup. Percorreremos o caminho para a criação de um modelo de negócio baseado em definições práticas e atuais, além de aprender sobre receitas e métricas fundamentais para o negócio até encontrar o tão sonhado *product/market fit*. Como consideramos importante olhar para fora do negócio e entender o que pode afetar direta e indiretamente o sucesso, no terceiro capítulo, abordaremos o assunto legislação. Em uma visão geral, destacaremos várias leis que fazem diferença na jornada do empreendedor de empresas de base tecnológica.

No quarto capítulo, examinaremos de forma detalhada os tipos de empresa, compromissos entre os sócios e a preparação para a busca de investimentos. Nesse ponto do livro, esperamos clarificar quem pode apoiar o crescimento do negócio.

No quinto capítulo, trataremos do momento em que a startup se encontra pronta para crescer. Mostraremos diferentes caminhos para crescer de forma sustentável, ganhar o mercado, encantar o cliente e planejar as características da liderança.

No sexto capítulo, analisaremos o cenário brasileiro de startups, apresentaremos a visão de alguns fundadores de startups importantes. Ainda, relataremos casos de algumas empresas e estudos de acompanhamento obrigatórios de quem quer empreender esse tipo de empresa.

Não poderíamos terminar esta jornada sem falar da pandemia da covid-19. O sétimo capítulo mostra como o mundo, o Brasil e até mesmo a escrita desta obra foram impactados pela pandemia. Em um cenário de incertezas, as empresas de tecnologia encontraram, na crise, oportunidade de crescimento, de entrega de valor. A transformação digital dos próximos anos passa pelas soluções que estão sendo criadas pelas startups.

Antes de seguirmos para nossa abordagem, convém fazer um alerta: ao longo desta leitura, você, leitor, terá contato com muitos termos e expressões (inclusive, em inglês) que são muito utilizadas nesse mercado; no decorrer dos capítulos elas são explicadas e exemplificadas e, se restarem dúvidas, o glossário apresenta um aprofundamento.

Capítulo 1

Contextualização
e conceitos básicos

Na atualidade, é muito comum observar em diferentes esferas o quanto tem sido usada a palavra *inovação*. A publicidade, por exemplo, se vale desse conceito para chamar a atenção do público ao promover um produto qualquer, desde um xampu até um curso de graduação. As empresas e, até mesmo, as cidades se autodeclaram *inovadoras*. E o que significa "inovar"?

Para investigar esse significado, vale lembrar alguns casos de sucesso marcados pela ideia de inovação.

Nos anos 1940, ainda estava em curso a Segunda Revolução Industrial. Era um período de forte industrialização em que os avanços tecnológicos e a capacidade produtiva moldavam a sociedade. As ferrovias cortavam regiões possibilitando o escoamento de bens produzidos, instituindo novas relações sociais.

Nos anos 1980, a Toyota já era uma gigante do setor automotivo. Para garantir que seu processo de montagem e gestão de pessoas mantivesse a padronização e a qualidade em qualquer lugar do mundo, a montadora promoveu sua filosofia baseada em gestão de conhecimento, melhoria contínua e trabalho em equipe, aliados à forte cultura organizacional. Com filosofia de padronização, processos e treinamento de pessoal, a Toyota extrapolou o seu segmento e influenciou executivos no mundo todo como exemplo de gestão e eficiência.

Nesse meio tempo, um grupo de jovens engenheiros e urbanistas inovadores cortava o chão do Planalto Central brasileiro, com vistas ao desenvolvimento urbano e econômico, erguendo uma cidade no meio do cerrado, a qual viria a ser a capital do país.

Em 1990, o britânico Tim Berners-Lee, funcionário do Conseil Européen pour la Recherche Nucléaire (Cern – Conselho Europeu para a Investigação Nuclear), conseguia resolver um problema de compartilhamento de dados para cientistas do globo. Assim, surgia o primeiro *browser* chamado *world wide web* (www) e o primeiro servidor HTTP, permitindo interligar informação, independentemente de onde ela esteja.

Jovens inquietos da Universidade de Harvard, nos Estados Unidos, pensaram em uma ferramenta que permitisse às pessoas conversar pelo computador e criar seus perfis pessoais como uma rede social.

capitulo

1

A Nokia lançou o famoso celular formato "tijolão", o Nokia 1001, que deu mobilidade para a rede telefônica. A BlackBerry criou um telefone inteligente, que possibilitou às pessoas mandar mensagens de texto para seus contatos com segurança, mudando a comunicação corporativa. Depois, outro jovem colocou, no mesmo *device*, o telefone, a música e o SMS, revolucionando o mercado de telecomunicações.

As máquinas fotográficas passaram a gravar seus arquivos digitalmente, dispensando a necessidade de revelar fotos em papel; o fax; o cartão de crédito; o micro-ondas; os aparelhos de *blu-ray*; o raio X; são tantos exemplos de produtos ou serviços que impactaram o mercado, mudaram comportamentos e transformaram economias, que deveria ser mais fácil para nossa sociedade aceitar o novo.

Obviamente, as mudanças que cada uma dessas soluções disruptivas provocou não aconteceram de um dia para o outro. Da energia que possibilitou a máquina a vapor à revolução industrial da eletricidade passaram-se 100 anos. Da televisão ao primeiro computador, foram 50 anos. Do aparelho celular ao *smartphone*, passaram-se 10 anos. No entanto, essa observação também revela que é cada vez mais célere o processo de aprimoramento e inserção de novas tecnologias.

Depois do *smartphone*, vimos vários equipamentos se conectando, de relógios a geladeiras e a internet das coisas (IoT, do inglês Internet of Things) tomando nossas vidas.

Para saber para onde estamos evoluindo com a internet das coisas, é importante entendermos seu desenvolvimento. Em meados de 2003, uma matéria do jornal britânico *The Guardian* noticiava o lançamento de uma rede de código de produto eletrônico (EPC, do inglês Electronic Product Code) que movimentou o mercado do varejo. Esse código prometia guardar dados dos produtos e torná-los identificáveis e localizáveis em qualquer lugar onde estivessem.

A rede EPC era gerida por um consórcio global formado por varejistas e acadêmicos do Massachusetts Institute of Technology (MIT), tendo como um dos fundadores Kevin Ashton, considerado o autor do termo.

Além da identificação, a internet das coisas é capaz de conectar esses objetos para que troquem informações. Há cada vez mais "coisas" conectadas – itens do dia a dia, como relógios, geladeira, carros, até óculos, roupas, calçados (os chamados *wearables*).

Um relatório da Gartner (2018) estimou que, até 2020, haveria mais de 30 bilhões de dispositivos conectados pela internet das coisas e uma receita de 309 bilhões de dólares (de empresas que fornecem *hardware*, *software* e serviços de IoT).

1.1 Contextualização

Inovar significa "renovar, introduzir medidas novas, reformar, modernizar, atualizar" (Bueno, 2007). Se aprofundarmos esses significados, podemos alcançar a ideia de transformação constante, melhoria contínua, ampliação de visão, mudança. Em outras palavras, está contida uma visão de movimento, continuidade e transformação. Há um processo que leva produtos, serviços e pessoas a serem considerados inovadores.

Estamos vivendo um tempo em que a quantidade de informação é tão grande quanto a falta de profundidade. Quando ouvimos ou lemos as histórias de empresas tecnológicas que se tornaram muito valiosas, às vezes, nos parece que isso aconteceu como em um passe de mágica. Empresas com menos de cinco anos de existência ocupam espaço de gigantes tradicionais do mercado em seus segmentos, como a startup brasileira Nubank, *fintech* (tecnologia financeira) criada em 2013 para atuar como banco digital. Em 2018, já tinha virado unicórnio; hoje, sua conta digital é usada por mais de 12 milhões de brasileiros.

capítulo

1

Estima-se, entretanto, que, para cada produto ou serviço que obtém sucesso no mercado, existem cerca de 3 mil ideias excelentes, 300 revelações de patentes, 125 projetos pequenos, e nove programas iniciais de desenvolvimento (Lynn; Reilly, 2003). Isso se torna ainda mais óbvio quando vemos o percurso de muitos empreendedores que alcançaram sucesso em suas empresas.

Em 1980, uma região da Califórnia despontou como um berçário de grandes empresas, principalmente da área de tecnologia (a Hewlett-Packard Company – HP, fundada nos anos 1940, é considerada por alguns a primeira startup do Vale do Silício). De lá para cá, esse tipo de ambiente se desenvolveu em várias partes do mundo. Tel Aviv, Barcelona, Lisboa (e outras cidades portuguesas) e Londres vêm repetindo o modelo de ambiente que o Vale do Silício implementou e incentivando a criação de uma grande quantidade de novas empresas, tecnologias e produtos, atraindo investimentos e alcançando mercados em todo o mundo.

Esses ambientes vêm alterando a chamada *cultura empreendedora*, em que velocidade, escala e competitividade são características fundamentais. Aí se desenvolvem os melhores ecossistemas de inovação do mundo com a presença, além das empresas, de universidades e do setor público como fortes apoiadores. Gigantes da tecnologia, como Facebook, Google, Apple, Netflix, Tesla, Airbnb, entre muitas outras, buscam esses ambientes para instalar seus quartéis-generais de olho nos talentos que circulam e nas ideias e projetos disruptivos que geram. Muito além das mesas de pebolim, dos pufes coloridos e dos horários livres de trabalho, a cultura que ambientes de inovação geram é transformadora da visão de mundo dos profissionais que têm contato com ela.

A origem antropológica da palavra *cultura* aponta que comportamentos, crenças, costumes e conhecimentos importam. Ao usá-la, indicamos que a transformação é profunda e impacta, além de uma área técnica, a relação interpessoal no ambiente profissional, o perfil da liderança etc. Diversas pesquisas sobre o futuro das profissões, do trabalho e dos negócios têm sido realizadas, e se percebe que características comportamentais são tão valorizadas nos ambientes corporativos quanto o currículo profissional. Talvez seja esse o desafio atual da nossa sociedade: promover a mudança de cultura (o termo *mindset* é muito usado no mundo das *startups* e da nova economia) para que, independentemente da geração, da área e da região, estejamos prontos para o futuro que se desenha.

Essa mudança de mentalidade e da forma como conduzimos nossas empresas, negócios ou atuamos como profissionais dentro das corporações é tão urgente quanto necessária. Estamos vivendo sob um diferente impacto: o que nos trouxe até aqui não será o que nos levará além.

Até hoje, mercados convencionais bem-estabelecidos, com um bom planejamento estratégico, investimentos em áreas prioritárias e fatia definida de mercado conseguiam prever seu crescimento e continuavam líderes com gestão e investimento. Exemplos como Nokia, Walmart e Cisco viram seu mercado encolher nos últimos dez anos e empresas como Amazon e Apple afetarem definitivamente seus segmentos.

Jorge Paulo Lemann, segundo homem mais rico do Brasil e dono de negócios como Ambev e Burger King, surpreendeu a plateia no debate *Estratégia e liderança na era da disrupção*, no Milken Institute, na Califórnia, em 2018. Olhando para seus negócios de comida e bebida e ouvindo histórias de negócios baseados em tecnologia e inteligência artificial, ele disse que se sentia um "dinossauro apavorado". Em outro evento, o Expert XP, da corretora XP Investimentos, Lemann disse que percebeu que estava "um pouco encastelado", com a visão de que o seu negócio estava bem sem perceber o impacto de empresas como Rappi e iFood no segmento.

Isso demonstra que até mesmo negócios muito consolidados – e com consumo garantido, como comida e bebida – podem ser fortemente afetados com as mudanças do mundo, e são trocas que acontecem rapidamente. Não olhar para fora, certamente, é um erro. A tecnologia avança a uma velocidade assustadora, por exemplo,

capítulo
1

a inteligência artificial toma conta do cotidiano. Sem que percebamos, estamos conversando com robôs via assistentes virtuais em aplicações de bancos, lojas e até mesmo cidades.

O Brasil está se preparando para o maior leilão de 5G do mundo, a quinta geração da tecnologia da rede de internet móvel, cuja velocidade chega a ser até 20 vezes maior do que o restante dos sinais. Isso influencia a qualidade de compartilhamento de conteúdo multimídia, a conexão de *devices* e possibilita que a IoT alcance seu potencial com maior integração entre máquinas inteligentes, como televisores, celulares, carros e casas. Esse mercado é dominado mundialmente pela chinesa Huawei, seguida por Nokia e Ericsson.

Estamos vendo os drones extrapolarem sua utilização *"cool"* em fotos e vídeos incríveis para fazer entregas aéreas de produtos. Logo veremos modelos de carros voadores como têm prometido a AirBus e a Hyundai, em parceria com a Uber.

A produção de alimentos no mercado das *agrotechs*; o desenvolvimento de soluções na área da saúde, como apresentam as *healthtechs*; transações bancárias pelas *fintechs*; enfim, a tecnologia ligada a diversos setores transforma o mundo em que vivemos. Essa transformação muda o comportamento da sociedade.

Em 1999, o mundo aguardava o caos que o *bug* do milênio causaria. Era a explosão da bolha das *pontocom*, que mexia com mercados e economias e colocava em xeque as altíssimas cifras investidas nessas empresas.

As redes sociais, como Orkut, Facebook e Twitter, conectavam milhões de pessoas e davam o tom do que seria o relacionamento pessoal e profissional nos anos seguintes. As telas das TVs aumentavam enquanto as dos computadores diminuíam e se fundiam com os celulares. As ligações telefônicas começavam a transitar na nuvem, bem como o consumo e armazenamento de dados. A era da conveniência chegava, e um clique resolvia muitas das questões que, antes, dependiam de ligações ou deslocamentos.

A internet, as redes sociais e os aplicativos diminuíram a distância entre empresas e consumidores, tornaram mais transparentes as transações e criaram uma geração de "prossumidores" – pessoas que produzem e consomem conteúdo ao mesmo tempo. É difícil precisar o ponto da transição entre o analógico e o digital. Vale lembrar que atualmente é comum ambientes profissionais, por exemplo, serem compartilhados por pessoas que passaram metade de sua vida sem internet e pessoas que já nasceram na era digital.

Assim como a tecnologia influencia o comportamento, o novo comportamento cria novas tecnologias. Nesse ciclo, vimos *sites* se transformarem em *e-commerces*; as redes sociais, em bases de *call centers*; o consumo de música mudou completamente, bem como o de filmes e vídeos. Aplicativos afetam a forma como nos deslocamos pelas cidades, viajamos e até como pedimos comida (em vez de irmos a restaurantes).

A conveniência está diretamente relacionada ao tempo que não estamos dispostos a perder. Antes, 10 ou 20 minutos eram toleráveis à espera de um táxi. Hoje, em menos de 5 minutos já estamos irritados se o Uber não chegar. Antes, aguardávamos o horário comercial para ligar para um contato, hoje o WhatsApp nos deixa conectados em tempo integral. Havia pouco, esperávamos o filme entrar em cartaz nos cinemas. Agora, um menu digital em casa nos dá um leque de opções que não cabem nas horas de lazer que nos restam.

Pesquisa da Global Web Index, de Londres, em 2019, mostrou que o brasileiro ocupa o segundo lugar no mundo no que se refere ao tempo gasto nas redes sociais, com 225 minutos por dia conectado, e isso, obviamente, muda nossa percepção do tempo. Levantamento da Google dá conta de que 30% dos consumidores desistem de uma busca *on-line* quando o *site* demora mais de um segundo para carregar.

Em 2017, 10 anos depois do lançamento do iPhone pela Apple, a empresa Runrun.it elaborou um infográfico sobre os principais fatos que marcaram aquela década.

capítulo 1

Figura 1.1 – Avanço da tecnologia: as mudanças da última década

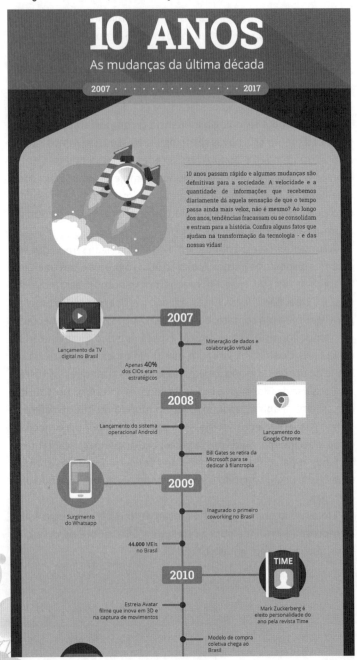

(continua)

(Figura 1.1 – conclusão)

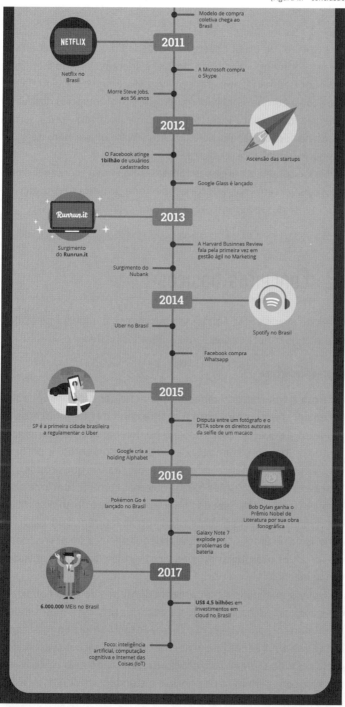

Fonte: Runrun.it, 2017.

capítulo

1

A sociedade atual parece mais disposta a mudanças e livre para experimentar algo novo, flexível e adaptável, como menciona Zygmunt Bauman (2001), em seu livro *Modernidade líquida*. Talvez isso ocorra porque os indivíduos perceberam os impactos do mundo cada vez mais volátil, incerto, complexo e ambíguo – vuca, termo criado na década de 1990 pelo U.S. Army War College, para designar o cenário global após a Guerra Fria.

Nesse contexto, surgem empresas e uma nova economia – mais ágil, mais versátil, mais aberta e conectada. Trataremos pormenorizadamente desse assunto nos próximos capítulos deste livro.

1.2 Conceitos básicos

Antes de avançarmos em nossa abordagem, é importante alinharmos alguns conceitos que serão reiterados neste livro.

Empreendedorismo

O termo *empreendedorismo* tem origem no capitalismo, em que o desenvolvimento econômico é agente condutor de mudanças de produtos e serviços. Esse conceito foi defendido pelo economista austríaco Joseph Schumpeter, em 1942. Desde então, o perfil do empreendedor remete a uma pessoa que realiza, que propõe, que busca e encontra soluções para problemas comuns com uma visão ampla e significativa. Segundo o Serviço Brasileiro de Apoio às Micro e Pequenas Empresas (Sebrae,2019) – órgão referência em empreendedorismo no Brasil –, "ser empreendedor significa ser um realizador, que produz novas ideias através da congruência entre criatividade e imaginação".

Hoje, a qualidade de empreendedor tem sido uma habilidade desejável não só na condução de negócios próprios, mas também no mundo corporativo – com o chamado **intraempreendedorismo**, em que se empreende internamente em organizações já estabelecidas. O estudo *O futuro do trabalho*, desenvolvido pelo LinkedIn em parceria com a empresa de previsão de tendências WGSN, classifica as habilidades mais desejadas pelo mercado em 2020 e destaca o espírito empreendedor entre qualidades como criatividade, inteligência emocional, capacidade de experimentação, empatia, compartilhamento, transparência e colaboração (WGSN; LinkedIn, 2019).

Startup

Esse é um conceito ainda instável. Em junho de 2019, o Subcomitê Ambiente Normativo de Startups do Comitê Interministerial para a Transformação Digital (CITDigital), formado pelos Ministérios da Economia e da Ciência, Tecnologia e Inovações, abriu consulta pública para embasar a criação do Marco Legal de Startups e Empreendedorismo Inovador no Brasil, que já foi instituído por meio da Lei Complementar n. 182, de 1 de junho de 2021 (Brasil, 2021). Um ponto importante no momento da consulta pública foi conceituar o termo *startup*.

O primeiro conceito proposto foi o de que uma startup é a sociedade ou a empresa individual de responsabilidade limitada, constituída há não mais de 60 meses, e cuja constituição não tenha sido decorrente de cisão, fusão, incorporação ou aquisição de empresas.

Em outra linha conceitual, a consulta pública propôs que startup é a empresa de caráter inovador que visa a aperfeiçoar sistemas, métodos ou modelos de negócio, de produção, de serviços ou de produtos.

As startups caracterizam-se por desenvolver suas inovações em condições de incerteza, que requerem experimentos e validações constantes, inclusive mediante comercialização experimental provisória, antes de procederem com a comercialização plena e com a obtenção de receita.

Notamos aqui duas linhas distintas para definir o que é uma startup. E por que isso é importante? Se estamos falando em legislação e contratação de soluções provenientes desse tipo de empresa (pela gestão pública), é fundamental classificar quais empresas são abrangidas pela legislação. Então, vale nos determos um pouco na importância do consenso para essa definição.

O texto final da Lei Complementar n. 182/2021, que institui o marco legal das startups e do empreendedorismo inovador, em

capítulo

1

seu art. 4°, definiu startups como "as organizações empresariais ou societárias, nascentes ou em operação recente, cuja atuação caracteriza-se pela inovação aplicada a modelo de negócios ou a produtos ou serviços ofertados" (Brasil, 2021).

O conceito é semelhante ao que têm compreendido especialistas da área de empreendedorismo, bem como organismos como a Associação Brasileira de Startups (Abstartups) que, apesar de não definir explicitamente, estabelece como seus objetivos, em seu Estatuto Social, que:

> *Artigo 5° – A Associação tem por finalidade:*
>
> *I – Representar, perante a sociedade e o poder público em todos os seus níveis, os interesses das empresas nascentes de base tecnológica e de inovação que trabalham em condições de extrema incerteza;* (Abstartups, 2019a)

Já Steve Blank, empreendedor e professor de empreendedorismo da Universidade de Stanford, em seu livro em coautoria com Bob Dorf, apresenta uma definição que abrange tempo, modelo de negócio e lucratividade usando termos como *temporária, escalável* e *lucrativa*. Para os autores, os empreendedores de startups iniciam uma empresa acreditando que sua visão mudará o mundo e resultará em uma empresa com centenas de milhões, senão bilhões, de dólares em vendas. A escala requer investimentos externos de capital de risco para alimentar uma rápida expansão. As startups escaláveis tendem a se agrupar em centros de tecnologia (Blank; Dorf, 2014).

Em *O dilema da inovação*, o americano Clayton Christensen (2012) atribui à startup o processo em que um produto ou serviço começa como uma aplicação simples na base de um mercado e depois vai se desenvolvendo e conquistando mercados até afetar concorrentes estabelecidos. Ele usa o termo "inovação disruptiva".

Na prática, o mercado se autorregula e o conceito de startup mais utilizado é o de empresas nascentes de base tecnológica, que ofereçam produtos ou serviços inovadores, com um modelo de negócio replicável e escalável. Esse será o conceito utilizado neste livro.

Empresa digital

Atualmente, muito se fala de transformação digital nas empresas. O conceito de empresa digital, originalmente, se deu pelo uso da informática ou das novas tecnologias no aprimoramento de um negócio, muito relacionado em processos realizados por meios digitais. Ter um departamento de tecnologia da informação, ou de inovação, já foi considerado o suficiente para ser tida como uma empresa digital. No entanto, o mundo agora é digital.

Segundo dados do IBGE divulgados na pesquisa sobre o uso das tecnologias de informação e comunicação nos domicílios brasileiros – TIC Domicílios –, conduzida pelo Centro Regional de Estudos para o Desenvolvimento da Sociedade da Informação do Núcleo de Informação e Coordenação do Ponto.BR, mais de 40 milhões de brasileiros (20% da população) não têm acesso à internet e metade da zona rural brasileira não está conectada à rede, assim como 52% da população nas classes D e E (NIC.BR; Cetic.BR, 2019).

Apesar disso, são poucas as empresas que não dispõem de, pelo menos, um *software* ou que não usem algum canal digital de relacionamento com clientes, fornecedores, parceiros ou com o meio em que estão inseridas. Então, o digital extrapolou os departamentos de TI e se integrou ao negócio.

Em um mundo globalizado, cada vez mais competitivo e exigente de respostas rápidas, o empreendedorismo digital proporciona otimização de investimento, flexibilidade, maior lucratividade e, em certos casos, mais qualidade de vida. A transformação digital, portanto, não é uma parte do negócio, algo passageiro ou restrito a certos segmentos de mercado. Ela afeta todos os aspectos da sociedade, como governo, comunicação, cultura, ciência etc.

Um estudo da Salesforce (2017), uma empresa americana de *software* sob demanda, indica três áreas centrais em que empresas estão se transformando digitalmente e obtendo sucesso: 1) experiência do cliente, 2) processos operacionais e 3) modelos de negócios.

capítulo 1

Ecossistemas

Nos anos 1800, grandes áreas de florestas norte-americanas deram lugar a pastagens e áreas agrícolas. Muitos animais selvagens perderam seu hábitat e desapareceram, como os lobos na região do Parque Nacional de Yellowstone, entre os estados de Wyoming, Montana e Idaho, na região centro-norte dos Estados Unidos. Ao perceber o desiquilíbrio do ecossistema do parque, como o aumento de veados e a diminuição da vegetação, o governo dos Estados Unidos iniciou um processo de recuperação da flora e da fauna. Ao reintroduzir 14 lobos no parque, teve início um notável processo de reequilíbrio do ecossistema e, depois de 20 anos, a transformação foi inacreditável.

Além de diminuir a população de veados, os lobos mudaram o comportamento desses animais; com isso, a vegetação à beira dos rios foi recuperada, árvores cresceram dando novo lar a aves, que alimentavam os castores. Com os castores, o curso dos rios foi alterado propiciando o aumento da biodiversidade. Essa história é contada no vídeo *How Wolves Change Rivers* (Como os lobos mudam os rios), publicado pelo canal Sustainable Human, no Youtube. O filme exemplifica a analogia que Marco Iansiti e Roy Levien (Iansiti; Levien, 2004) traçaram entre o ecossistema biológico e o ambiente empresarial, com atores interdependentes.

O ambiente empresarial espera essa cooperação e colaboração de instituições, empresas e empresários na chamada *tríplice hélice*. Esta é formada pelo Poder Público, a academia e o setor produtivo trabalhando em harmonia e colaboração para o desenvolvimento comum, tendo o indivíduo como norte. A inovação se dá por meio dessa ação integrada, baseada na transferência de conhecimento. Com base nessa visão, o ecossistema de inovação conta com a presença ativa da tríplice hélice e cria vários outros ecossistemas, como o de startups, que se retroalimentam e evoluem continuadamente.

A partir de 2010, a atuação de empresas com base tecnológica, enxutas, escaláveis, ágeis e disruptivas passou a chamar a atenção tanto de consumidores quanto de concorrentes no Brasil. Nos Estados Unidos, esse movimento já acontecia desde o início dos anos 2000.

Façamos uma pausa para um alerta sobre a palavra *disrupção*, que empregaremos para tratar de negócios, de mercados, de revoluções tecnológicas e de pessoas. Disrupção em negócios tem gerado inovação, crescimento e promovido agilidade, mas também tem provocado mudanças significativas nas gerações que amadurecem nesse mercado. O estudo chamado *The Deloitte Global Millennial Survey 2019* identificou as características dos *millennials*, geração das pessoas nascidas de 1983 a 1994, e da geração Z, nascidos depois de 1995 (Deloitte, 2019).

Esse público é consumidor ativo, está no mercado de trabalho e protagoniza mudanças profundas nos negócios e na sociedade. Desde a decisão de ter menos filhos ou tê-los mais tarde, essas gerações estão quebrando normas estabelecidas. Importam-se menos com estabilidade de emprego, são cada vez mais adeptas à *gig economy* (economia alternativa, na qual há mais pessoas com trabalhos temporários, como autônomos e *freelancers*) e com mais interesses em experiências como fazer viagens do que ter uma casa própria. Por esse motivo, estão mais propensos ao consumo de marcas que demonstrem preocupação com impactos positivos no mundo e na sociedade.

Figura 1.2 – Prioridades e aspirações das gerações *millenial* e Z

Fonte: Deloitte, 2019, p. 5.

capítulo

1

E o que o perfil dessas gerações tem a ver com as startups? Justamente dessas gerações saíram os fundadores das *startups* que mais tiveram sucesso no mundo nas últimas décadas.

Não bastassem as mudanças comportamentais dos novos entrantes, há fatores econômicos, globais e tecnológicos que pressionam empresas e negócios a uma nova economia. No livro *Governança e nova economia*, Anderson Godzikowski (2018) sugere elementos que provocam essa pressão, entre eles: o capital e o fluxo de investimentos cada vez mais disponíveis; novos modelos de negócio e receita; e ecossistemas e organizações em rede.

Diversas projeções e estudos de futuro indicam que metade dos negócios estabelecidos atualmente não existirá nos próximos dez anos. Muitos negócios estão alcançando fatias relevantes de seus mercados em menos de uma década e atropelando concorrentes considerados líderes centenários no mercado.

Assim nascem as *startups unicórnios*, termo sugerido, em 2013, por Aileen Lee, fundadora do fundo norte-americano Cowboy Ventures, referindo-se a empresas que tiveram uma valorização de mais de 1 bilhão de dólares (Lee, 2013). O nome de um animal mitológico enfatiza quão raras essas empresas eram no mercado. Na época, apenas 39 startups compunham o "Clube dos Unicórnios" e foram alvo de um estudo que identificou o perfil dessas empresas e de seus fundadores. Hoje, estima-se que há mais de 360 unicórnios no mundo, como TransferWise, Monzo, Airbnb, SpaceX e as brasileiras Ebanx, 99 Táxi, Nubank, iFood, entre outras.

Ao contrário do que se pensa, a maioria dos CEOs fundadores das *startups* unicórnios não são garotos de 20 anos, solitários em seus quartos – como o perfil de Mark Zuckerberg, fundador do "superunicórnio" Facebook, que encerrou 2019 em queda, valendo 39,8 bilhões de dólares. De acordo com o estudo do Cowboy Ventures (Lee, 2013), comumente, CEOs fundadores dos unicórnios atuais têm em comum as seguintes características:

- Fundadores tinham 34 anos, em média, quando iniciaram a *startup*.
- Coincidentemente, são grupos de três sócios fundadores.
- 60% deles já tinham trabalhado juntos antes de fundarem a *startup*.
- 80% dos fundadores já tinham criado outras empresas antes.
- 76% dos CEOs fundadores continuaram CEOs até o primeiro grande aumento de liquidez (investimento).
- 69% continuam CEOs até hoje.
- Foram necessários sete anos, ou mais, em média, antes de um "evento de liquidez" (investimento).
- Nas últimas décadas, cada grande onda de inovação tecnológica deu origem a um ou mais superunicórnios.

Na última década, observa-se um relevante foco das empresas na mineração de dados; basta ver a transformação que o mercado sofreu a partir dos mecanismos de busca e relacionamentos em redes sociais.

A década de 2020 promete um novo momento ligado à revolução da inteligência que deslocará o foco principal na inteligência artificial, aprendizado de máquinas e o amplo universo da internet das coisas. Esses mercados estão ao alcance de todos, com maior influência para uns e menor influência para outros. Portanto, o maior gargalo das *startups* não está na falta de conhecimento do consumidor sobre o mercado da tecnologia. Cada vez mais se faz necessário que o ambiente se desenvolva com a participação dos atores inseridos nesse espaço; mobilização de comunidades, conexão de empresários, colaboração e educação empreendedora, bem como um ambiente positivo de negócios são muito valiosos.

O olhar para o ecossistema é tão importante que está sendo discutido, inclusive, por várias instâncias da gestão pública brasileira. Os Ministérios da Economia e de Ciência, Tecnologia e Inovações têm debatido com atores públicos, da academia e do setor produtivo, como melhorar o ambiente de negócios, facilitar o investimento em *startups*, além de tratar de aspectos ligados a relações de trabalho e compras públicas.

capítulo 1

Ainda sobre um novo mercado, precisam ser contemplados na discussão ecossistemas de inovação. Um ecossistema produtivo, atuante, conectado e com governança é fator crucial de sucesso para muitas experiências em todo o mundo. A presença representativa da tríplice hélice (governo, academia e setor produtivo) é fundamental.

O GBG Curitiba – parte do (Google Business Group, comunidade que visa construir relacionamentos, aprender e inspirar o sucesso – desenvolveu uma "mandala" demonstrativa dos principais atores que precisam estar envolvidos na estratégia de articulação de um ecossistema:

Figura 1.3 – Atores em um ecossistema de inovação

Fonte: Marques, 2017.

Em 2017, a *community leader* do GBG Curitiba, Erica Marques, apresentou esse trabalho no Global Google Business Group Summit, em Singapura, para 95 comunidades do mundo.

1.3 Especificidade do ecossistema de startup

Há infinitos ecossistemas dentro de um ecossistema de inovação. Como ilustrado na Figura 1.3, empreendedores/investidores/empresas de diferentes portes são parte de um todo, mas detêm um papel específico dentro do mercado da nova economia. Contudo, não podemos cometer o erro de comentar sobre "gestão de startups" sem antes especificar gestão. Em uma visão simplista, de início, toda *startup* é uma pequena empresa. Às vezes, até o empreendedor é a própria empresa, ainda que com visão e objetivo diferentes de mercado que distanciam completamente o negócio *startup* do negócio da pequena companhia. É importante reforçarmos que o número de profissionais liberais (empreendedores) no Brasil tem crescido ano a ano, pois empreender tem sido a forma de enfrentar a crise. O perfil do empreendedor brasileiro, diferentemente do americano, é aquele que empreende mais por necessidade do que por oportunidade.

Segundo a pesquisa *Empreendedorismo no Brasil: 2019*, conduzida pela Global Entrepreneurship Monitor (GEM), em números absolutos, estima-se que haja 53,5 milhões de brasileiros (18-64 anos) à frente de alguma atividade empreendedora (GEM, 2020). Com base nessa pesquisa, o Sebrae apontou que:

> *a taxa de empreendedorismo potencial em 2019 foi de 30,2%, significando que, de cada 10 brasileiros adultos que não são considerados empreendedores, três deles gostariam de abrir um negócio próprio nos próximos três anos.* (Agência Sebrae de Notícias, 2020)

capítulo 1

Gráfico 1.1 – Taxas, em %, de empreendedorismo segundo estágio do empreendimento TEA, TEE, TTE, Brasil, 2002-2019

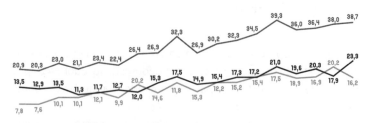

— Empreendedores estabelecidos
— Empreendedores iniciais
— Total

Fonte: GEM, 2020.

Talvez, por isso, a taxa de sobrevivência das empresas no Brasil tenha caído de 78% no primeiro ano para 39% no quinto ano, conforme o estudo *Demografia das Empresas e Estatísticas de Empreendedorismo: 2018* (IBGE, 2020).

Já para as startups, a cada quatro criadas, uma morre antes do primeiro ano conforme pesquisa da Fundação Dom Cabral sobre as causas da descontinuidade de startups brasileiras (Nogueira; Arruda, 2014/2015). Uma das principais razões para essa taxa de mortalidade de 75% é a dificuldade de acesso ao capital.

Diante desses números, há um ponto fundamental que, muitas vezes, é negligenciado por muitos empreendedores: a importância de gerir com eficiência suas empresas, desde o começo, desde ainda pequena.

Para se desenvolver com escala e promover impacto no mercado, a empresa tem de se apoiar em ambientes colaborativos de trabalho, que podem ser *coworkings*, incubadoras, investidores, mentores, *hubs* de inovação, enfim, um ecossistema próprio, no qual as pessoas entendem, trabalham, respiram e se desenvolvem com uma mentalidade muito parecida.

Há uma jornada na vida do empreendedor que criará uma empresa valiosa que se apoia nesse ecossistema. Os fundadores do Ebanx, por exemplo, startup curitibana que se tornou o primeiro unicórnio do Sul do Brasil, tiveram o apoio da Endeavor no seu desenvolvimento. Foi a menor empresa a entrar no portfólio da Endeavor Brasil até hoje. Por sua vez, a startup Prevention, criadora do Adam Robô – equipamento capaz de diagnosticar precocemente problemas de visão –, teve como mola propulsora de crescimento sua origem dentro do Worktiba, primeiro *coworking* público do país, criado pela Prefeitura de Curitiba. Depois de fazer aceleração na incubadora da Federação das Indústrias do Paraná (Fiep-PR), o Adam Robô ganhou mercado e hoje ajuda a evitar a cegueira de milhares de pessoas em diferentes países. Estes são exemplos da força que o apoio do ecossistema representa.

Algo crucial em qualquer ambiente e para qualquer ator é a colaboração e a integração. Em qualquer mercado, mas, principalmente, no das *startups*, a troca de experiência, a mentoria qualificada e ambientes diversificados para validações são fundamentais para o sucesso do negócio. Muitas vezes, para aplicar o teste de conceito de um produto ou serviço, o mercado está na mesa ao lado no *coworking*.

É comum entre os pequenos empreendedores desenvolver seus produtos ou serviços com base em experiências próprias e percepções pessoais; no entanto, aprofundar esse conhecimento e elaborar um plano de negócios é tão fundamental para *startups* quanto para qualquer empresa. Apenas seguir o instinto é um erro que pode gerar prejuízos financeiros e de tempo. Por isso, transferir a ideia para o papel é fundamental para testar, comprovar, validar e corrigir várias rotas sobre o negócio.

É nesse ponto que se diferenciam as empresas que passarão pelo "vale da morte" dos negócios. O tempo gasto na identificação das necessidades do mercado, concorrentes e de aonde se pretende chegar não é desperdício. Unir experiência e conhecimento com necessidade do mercado e preocupações com as áreas de gestão de pessoas, *marketing*, finanças etc. é a base para o desenvolvimento da empresa (Castelo Branco; Schneider, 2012, p. 126). A seriedade com que o empreendedor executa a etapa do planejamento é

capítulo

1

compensada em assertividade no plano estratégico, tático, operacional, custos e controle, que apoiarão o crescimento da empresa. Historicamente, o principal marco do planejamento estratégico vem do modelo militar. Em uma época, as guerras eram tratadas como rituais e, como tal, tinham códigos preestabelecidos. Levava-se em conta o clima, as questões éticas de combate, o respeito ao território etc.

No livro *A arte da guerra*, o mais antigo tratado militar do mundo, Sun Tzu (2014, p. 39) indica cinco fatores a serem levados em consideração nas decisões quando se pretende determinar as melhores condições a serem obtidas no campo de batalha: 1) a lei moral; 2) o céu; 3) a terra; 4) o comandante; 5) o método e a disciplina.

A lei moral reforça que o povo esteja completamente de acordo com seu soberano; o céu indica condições favoráveis e adversas para a guerra; a terra compreende o conhecimento profundo do campo de batalha; o comandante compreende sua capacidade e sabedoria na condução do exército e, por fim, o método e a disciplina referem-se à definição de hierarquias, ao conhecimento da estratégia, ao provisionamento de estrutura física, material e financeira para o combate (Sun Tzu, 2014).

Vale assinalar que os fatores dizem respeito ao planejamento; afinal, cada batalha exige uma estratégia. Assim como na vida empresarial, ter valores sólidos e objetivos claros sustenta as estratégias de penetração de mercados, de crescimento, de lançamento de produtos etc.

Segundo Porter (2005), a estratégia é um conceito fundamental para determinar resultados competitivos. A formulação de estratégia competitiva inclui a consideração de quatro elementos-chave: 1) forças e fraquezas da empresa; 2) valores pessoais dos principais implementadores (gerenciamento e conselho); 3) oportunidades e ameaças da indústria; 4) expectativas societárias mais amplas.

Em suma, toda empresa que começa precisa de estratégia consistente de gestão e planejamento, independentemente da área, do modelo de negócio que assuma, de quão inovadora seja. Todavia, as startups têm demonstrado que métodos e processos mais ágeis são mais eficientes para embasar a tomada de decisões. Como seus produtos e soluções, geralmente, visam à resolução de um problema, testagens rápidas e aplicação de conceitos fazem a diferença em todas as fases do processo de crescimento. Com isso, analisando o que as *startups* de sucesso vêm usando, podemos perceber que **metodologias ágeis** são sempre uma escolha para esse modelo de negócio.

Provavelmente, pelo fato de a maioria dos empreendedores de *startups* ser do mundo da tecnologia, as metodologias ágeis, antes restritas ao desenvolvimento de *softwares*, começaram a ser implementadas também em outros segmentos e setores do mercado, se tornando uma nova estratégia de gestão e cultura organizacional.

As metodologias ágeis estão alinhadas com os valores e princípios que devem ser adotados em projetos de *software*. Em 2001, um grupo de experientes desenvolvedores da comunidade de Programação Extrema (do inglês *eXtreme programming*), ou simplesmente XP, promoveu um encontro que mudaria a indústria para sempre. Angustiados com os processos falidos, atrasos e má projeção de custos que vinham sendo utilizados em projetos de *software* mundo afora, eles elaboraram o *Manifesto Ágil para Desenvolvimento de Software*, abordando quatro valores e doze princípios que todos os profissionais de *software* deveriam seguir dali em diante.

Vale transcrever aqui os valores do manifesto como ponto de reflexão para todo gestor e empreendedor:

> *Estamos descobrindo maneiras melhores de desenvolver software fazendo-o nós mesmos e ajudando outros a fazerem o mesmo. Através deste trabalho, passamos a valorizar:*
>
> ***Indivíduos e interações*** *mais que processos e ferramentas.*
>
> ***Software em funcionamento*** *mais do que documentação abrangente.*
>
> ***Colaboração com o cliente*** *mais que negociação de contratos.*
>
> ***Respondendo a mudanças*** *mais que seguir um plano.*
>
> *Ou seja, mesmo havendo valor nos itens à direita, valorizamos mais os itens à esquerda.* (Beck et al., 2001, grifo do original)

capítulo 1

Nos 12 princípios do Manifesto Ágil, destacam-se a importância de trabalhar em ciclos de tempo curtos com atenção permanente aos detalhes e formar equipes motivadas, integradas e auto-organizadas. A proposta de trabalho ágil teve uma influência forte do pensamento Lean (*lean manufacturing*, ou manufatura enxuta). O método, criado após a Segunda Guerra Mundial e derivado do sistema Toyota de produção, tem como pontos principais: começar projetos de forma simples, evitar desperdícios, avaliar os resultados e atribuir melhorias. Baseado no *lean manufacturing*, o empreendedor Eric Ries (2011), do Vale do Silício, criou o conceito de *lean* startup – a aplicação do *lean* ao processo de inovação, o qual comentaremos mais adiante.

Exemplos de métodos ágeis, o *Kanban*, o *Lean*, e o *Scrum*, entre outros, são amplamente difundidos nas empresas e utilizados por gigantes como Yahoo, Microsoft, IBM e Google. O *Scrum* é o método mais usado de todos e inseriu o conceito de ciclos, chamados *sprints*.

A Google Venture desenvolveu um método que acelera ainda mais as entregas de projetos e é muito utilizado para *brainstorms*, validações de novas ideias e redesenhos de projetos e processos em apenas cinco dias. O *design sprint*, ou apenas *sprint*, é um processo estruturado criado em 2010 e testado em várias empresas do Google, desde 2012, para projetos como o do navegador Chrome, do Gmail e do Google Search. Em 2016, a metodologia foi divulgada para o mundo por meio do *best-seller Sprint: How to solve big problems and test new ideias in just five days** (Knapp; Zeratsky; Kowitz, 2016) e é utilizada por inúmeras empresas e por grande parte das startups por proporcionar efetividade e agilidade na tomada de decisões.

O pai do *design sprint* é Jake Knapp, que detalha, no *best-seller,* as cinco etapas do método: 1) mapear, 2) criar soluções, 3) selecionar as melhores soluções, 4) prototipar, 5) testar com o consumidor final.

Esses elementos do *design sprint* são baseados no *design thinking*, que, traduzindo livremente, significa o pensamento de *design*. Sua primeira aplicação foi na área do *design*, implementando uma "forma

---

*   O livro foi lançado no Brasil com o título *Sprint: o método usado no Google para testar e aplicar novas ideias em apenas cinco dias*, pela Editora Intrínseca, em 2017.

de pensar" com base em resolução de problemas complexos. Por esse motivo, foi também aplicado pela engenharia em universidades americanas, nos anos 1970; foi aí que o termo ganhou notoriedade e influenciou várias outras áreas do conhecimento e de negócios.

1.4 Design thinking: da visão à ideia

Como desenvolver ideias viáveis que impactem o mundo? Muitos pesquisadores e estudiosos, como Herbert Simon, Horst Rittel, Victor Papanek, Nigel Cross, Rogin Martin, Richard Buchanan e, claro, Tim Brown, se empenharam em evoluir o conceito de "pensar do design para solução de problemas". Eles propuseram uma nova forma de enxergar o problema, buscar soluções em diversas áreas, não formar um pré-conceito para sua solução, desdobrar complexidades em processos estruturados chegando a um balizamento de entendimentos e conclusões convincentes e satisfatórias para diferentes atores. Ainda, mostraram que se deve aceitar que não há certo ou errado na solução, mas bom e ruim em um dado momento e contexto. Com isso, a metodologia permite promover o engajamento para a solução, a cooperação para o desenvolvimento e o pertencimento para a aplicação; e, principalmente, conseguir que a aplicação gere resultados sociais de larga escala.

Em um importante artigo publicado pelo MIT Press, Richard Buchanan (1992) salienta que o *design* é um processo da vida diária e que existem quatro ordens que o pensamento do *design* foca:

1. Comunicação simbólica e visual.
2. Design de objetos.
3. Serviços organizados.
4. Design de sistemas complexos ou ambientes.

capítulo
1

Design thinking se encaixou perfeitamente no discurso atual de gestão e vem sendo implantado nos processos de transformação organizacional. Muito do conceito atual se deve à influência da Stanford Design School, do Instituto de Design Hasso Plattner, mais conhecido como d.school, e da Agência Ideo – a maior e mais respeitada consultoria de inovação do mundo – e de sua aplicação de *design thinking* no mercado corporativo.

Fundada em 1991, no Vale do Silício, a Ideo desenvolveu ferramentas que apoiam e facilitam a inovação em empresas, educação e inovação social. Tim Brown, CEO da Ideo, em seu livro *Design thinking: uma metodologia poderosa para decretar o fim das velhas ideias* (2010), reforça a importância de centrar o *design thinking* no ser humano para integrar as necessidades das pessoas, as possibilidades trazidas pela tecnologia e as exigências dos negócios. Tim fala sobre o *design* não centrado no objeto, mas como um elemento de grande impacto social.

Para que isso ocorra, é fundamental compreender a cultura em que a solução está sendo implementada, ou para a qual esteja sendo aplicada. Entender as aspirações e as motivações das pessoas que irão consumir a solução é imprescindível. O *design thinking* aprende criando, em vez de pensar para construir. A ideia de construir para pensar lança o protagonismo para a experimentação da cultura *maker*. Protótipos aceleram o processo de inovação, pois, somente quando colocamos as ideias para experimentação, descobrimos suas fraquezas e fortalezas.

Tim também reforça a ideia que tem guiado as *startups*: quanto mais rápido se testar, mais rápido a ideia se desenvolverá. As soluções criadas precisam sair das mãos dos *designers* e estar nas mãos de qualquer um. O *design thinking* encoraja a buscar novas formas de lidar com situações tradicionais, identificando na divergência o que não existe como solução.

E como começar? O que é preciso saber para aplicar essa metodologia (disciplina ou até mesmo filosofia)?

Empresas como Apple, IKEA e Google trabalham duro para desenvolver a cultura, os processos e os hábitos que impulsionam seu sucesso. Para começar um processo vencedor em uma *startup*, ou em qualquer outra organização, é fundamental que as pessoas envolvidas estejam abertas para inovar. Estar aberto à inovação também significa estar aberto ao aprendizado constante. É importante que todo o time assuma a postura de iniciante para deixar de lado preconceitos e se preparar para o desafio do *design thinking*.

Como se faz necessário integrar diferentes áreas e fazer pessoas com diferentes visões interagir, é importante que o *mindset* do time seja de inovação. Para isso, conhecimento, informação e exemplo são formas de promover essa cultura. É interessante convidar um líder com resultados incríveis para inspirar o time, compartilhar conhecimentos de áreas específicas para ampliar o repertório e as habilidades do grupo. A ideia é evidenciar que o mundo, o segmento, a tecnologia, o cliente, tudo está se transformando.

Antes de olhar para dentro, olhemos para fora. Isso precisa ser feito por todas as áreas e *stakeholders* do negócio. Isso poderá evidenciar a todos que existe um movimento revolucionário acontecendo sob seus olhos. Esse nivelamento de conhecimentos levará o time a fazer as perguntas corretas durante o processo.

O *mindset* dos *designers* envolve empatia, otimismo, interação, criatividade e ambiguidade. Para participar do processo, os envolvidos precisam ter perspectivas diferentes sobre o problema ou a solução. A diversidade provoca o choque de ideias tão fundamental no processo de *design thinking*. A pluralidade abre o horizonte para o que os olhos não enxergam até o momento. Podem ser convidados para participar desse processo gestores, usuários, clientes, especialistas de áreas diferentes, como comunicação, finanças, tecnologia... É recomendável usar a divergência a favor, o contraponto, o não usual e não deixamos que as pessoas se apaixonem pelas ideias. Muito menos, que o time fique preso a apenas uma proposta.

Desfazer-se de um ponto de vista pode ser difícil, mas, normalmente, é o que acontece durante o processo. Quando os times chegam a três, cinco ou mais soluções diferentes, eles têm 50% mais chances de lançar um produto de sucesso.

O cenário de "caos", de incertezas, que a diversidade de atores provoca inicialmente, aos poucos, vai se transformando em conceitos mais claros e a colaboração transforma todos os atores do processo em parceiros na solução.

Figura 1.4 – Organizando o pensamento

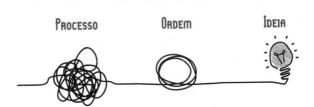

Antes de detalharmos os pilares e um passo a passo para aplicação da metodologia, um ponto fundamental: o foco do processo deve ser claro. Saber aonde se pretende chegar, qual é o problema complexo que precisa ser resolvido com o *design thinking* e o que essa resolução fará pela startup é papel do líder.

Um dos grandes diferenciais da startup é a clareza do propósito que o CEO emprega no seu negócio. Segundo a Ideo (2021), o sucesso de projetos em que os líderes executam a missão da companhia com clareza aumentam em 20,4%. Não esqueçamos: todo time precisa de liderança e líderes precisam pôr em prática o que pregam.

Para lograr melhores resultados, o time que participará do processo precisa entendê-lo. Para isso, a figura do moderador, ou do *design thinker*, é muito importante. Qualquer pessoa pode cumprir esse papel, a metodologia da Ideo é bastante democrática, mas um bom *design thinker* apresenta habilidades de intuição e pensamento divergente, usa o pensamento criativo e pragmático para propor soluções criativas e práticas. Além disso, conduz o time com fluidez e objetividade para chegar ao resultado esperado. Segundo a d.School, existem sete mentalidades vitais que um pensador de *design* precisa compartilhar com o time, conforme exibe a Figura 1.5.

Figura 1.5 – Mentalidades do *design*

1		**Foco em valores humanos** Empatia dirigida às pessoas para as quais se está desenhando o processo. O *feedback* desses usuários é fundamental para um bom *design*.
2		**Demonstração em vez de relato** Deve-se comunicar a visão de maneira impactante e significativa, criando experiências, usando recursos visuais e contando boas histórias.
3		**Clareza** É necessário produzir uma visão coerente para os problemas complexos, enquadrando-os de forma a inspirar os outros e promover a ideação.
4		**Experimentação** A prototipagem não é apenas uma maneira de validar a ideia, é parte do processo de inovação. Constrói-se para pensar e aprender.
5		**Atenção ao processo** É fundamental saber em que etapa do processo do *design* se encontra, quais métodos usar em cada estágio e quais são os objetivos.
6		**Rumo à ação** O termo *design thinking* é um tanto equivocado, pois envolve mais o fazer do que o pensar. Deve-se seguir fazendo e reformulando o pensamento e os conhecimentos.
7		**Colaboração radical** É importante reunir inovadores com variados *backgrounds* e pontos de vista. Ideias e soluções inovadoras surgem da diversidade.

Fonte: Instituto de Design Hasso Plattner, 2021, p. 3, tradução nossa.

As metodologias da Ideo e do Instituto de Design Hasso Plattner, a d.School, têm pequenas diferenças na aplicação do processo do *design thinking*. A despeito disso, em ambas, as atividades de levantamento de cenários (*brainstorm*), consolidação de hipóteses e testagem são fundamentais.

Há cinco atividades centrais do *design thinking*: empatia, definição, ideação, prototipagem e testagem, conforme mostra a Figura 1.6.

Figura 1.6 – Processo do *design thinking*

Empatia

Para se iniciar o processo, é fundamental que o grupo de trabalho entenda muito bem quem é o consumidor e qual é o mercado para a solução a ser desenvolvida (ou problema a ser resolvido). Para isso, é preciso se colocar no lugar do consumidor, pois são os problemas dele o foco do trabalho. Uma possibilidade é consultar o consumidor por meio de pesquisas primárias e secundárias, abertas e fechadas. Deve-se utilizar a observação sobre o processo de consumo do usuário, sempre livre de juízos de valor. Devem ser usados quantos métodos e formas forem necessárias (e possíveis) para se conhecer melhor o usuário específico da solução.

Definição

Os *insights* que a etapa anterior produziu devem ser resumidos com uma visão abrangente da equipe que participou do processo. Traça-se a jornada do consumidor – qual o processo do consumo, de onde o cliente parte, como interage, como finaliza o processo. São, então, definidas as personas do consumidor, as principais características e as necessidades dele, compondo-se, mais do que um perfil socioeconômico, um perfil comportamental.

Ideação

Com esse conhecimento, o time estará apto para explorar soluções para o problema. É aconselhável levantar muitas ideias, abrangendo perspectivas diferentes, aprimorando-as até sair do "lugar comum". Na busca de padrões, é interessante identificar tópicos e temas similares nas etapas anteriores, evitando-se que experiências anteriores travem o processo criativo, pois suposições podem ser equívocos, e estereótipos podem restringir a empatia real.

Prototipagem

No momento de construir protótipos, o time tem de pensar em quantas possibilidades estão disponíveis: *storyboards*, *landing pages*, *mockups* etc. Não são requeridos modelos perfeitos, totalmente funcionais ou esteticamente bons. Em caso de falha, o mínimo de esforço terá sido empregado.

Testagem

Nessa fase, o protótipo é colocado à prova. Os testes são feitos com o consumidor real, obtendo *feedback*, validando a ideia, sem imprimir a visão dos aplicadores no momento do teste; o usuário tem de estar livre para expor suas percepções.

Lembremos que o *design thinking* é um processo, sendo possível voltar à atividade anterior sempre que se sentir necessidade, revisitando conceitos, percebendo com mais clareza comportamentos, se desfazendo de pré-conceitos e se abrindo para criações.

É preciso ter certeza de que o time obterá respostas satisfatórias de um produto ou serviço que tenha, segundo Tim Brown (2010), praticabilidade (o que é funcionalmente possível num futuro próximo); viabilidade (o que provavelmente se tornará parte de um modelo de negócio sustentável); e desejabilidade (o que faz sentido para as pessoas).

capítulo 1

No momento em que o *design thinking* se aproximou da forma de pensar mais do que da arte e da ciência, se estabeleceu uma atividade cotidiana ao método. Ele é criado para atender necessidades humanas e melhorá-las, mas não se trata de atender e resolver necessidades comuns.

O *design thinking* se propõe a trabalhar com problemas complexos e ambíguos e, portanto, não existe uma resposta certa ao processo nem uma solução perfeita. Por esse motivo, também não há um passo a passo ou uma fórmula específica a ser executada, cada processo e cada time levará sua visão para a resolução do problema (mas as ferramentas do método são tangíveis). Não podemos perder de mente o ponto mais importante: o processo do *design thinking* é centrado no ser humano.

As metodologias ágeis, porém, não substituem o planejamento estratégico que dará conta da definição da visão, missão e valores do seu negócio, tampouco substituirão a análise de ambientes externos para prever cenários.

No planejamento estratégico, são levantadas ameaças e oportunidades segundo as metas da empresa. Deve estar claro, porém, que há perguntas que as metodologias ágeis não conseguirão responder.

Questões mais amplas – como qual será o custo total do desenvolvimento da solução ou o prazo de retorno do investimento, os indicadores de desempenho (KPIs) para avaliação de *performance* ou a estratégia de mensuração de resultados – necessitam de dados mais elaborados e processos mais robustos de planejamento.

Entretanto, ao entrar no plano tático, no momento de desdobrar as ações do plano de ação, as metodologias ágeis têm sido importantes ferramentas na criação de empresas valiosas.

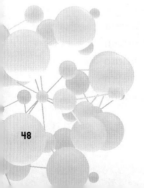

Capítulo 2

Um novo mercado

Todos os dias surgem centenas ou milhares de startups no mundo, e no Brasil não é diferente. De 2015 a 2020, o número de startups no país mais que triplicou, passando de 4.100 para mais de 13 mil, segundo a Associação Brasileira de Startups (Carrilo, 2020). As startups são também chamadas de *techs*, empresas de tecnologia, e estão cada vez mais especializando seu mercado.

Mapeamentos do Distrito Corporate, de 2019, mostram, pelo menos, 11 setores em crescimento, como *edtechs* (empresas especializadas em tecnologia educacional), *fintechs* (empresas especializadas em tecnologia financeira), *agrotechs* (empresas especializadas em tecnologia para o agronegócio) etc. Também é um mercado cada vez mais concorrido para os negócios e investimentos (Distrito Corporate, 2021).

Está em curso um período de amadurecimento do setor das startups. Ano após ano, o mercado de investimento fica mais rigoroso. Até porque a experiência de ouvir centenas de *pitches* (técnica de apresentação de um negócio) rende percepções mais apuradas sobre o perfil do fundador, a capacidade de entrega do que promete e a clareza do negócio ser viável e rentável.

Se antes era possível levantar investimentos para a ideia sair do papel com um bom discurso, atualmente, isso é cada vez mais improvável. Investidores de qualquer fase querem não só enxergar que o empreendedor tem sua ideia organizada, mesmo com dúvidas e falhas, mas também saber os pontos críticos de equipe para execução, mercado potencial, perspectiva de escalabilidade e viabilidade do projeto.

2.1 Definições e construção
do *business model*

Já ressaltamos a importância do planejamento estratégico, da clareza sobre os conceitos de plano de negócio e da agilidade que faz a diferença entre os modelos convencionais de empresas e as startups.

capítulo 2

Trataremos agora da visão de aplicação de todo esse conceito para a gestão específica do modelo de negócio startup.

O plano de negócio fornece a clareza necessária para a ideia e, ao ser colocado no papel, aponta dúvidas e caminhos antes não previstos, passando a ser necessário, então, um modelo de negócio. A diferença entre **plano de negócio** e **modelo de negócio** é que o plano apara as arestas conceituais e o modelo mostra caminhos concretos, muitas vezes, novos, que embasarão a startup na execução para viabilidade e rentabilidade do negócio. Enquanto o plano de negócios é um documento extenso e detalhado, o modelo de negócios pode conter uma página apenas. Eles são diferentes, mas complementares e são aplicados em momentos distintos do ciclo de vida do negócio.

No modelo de negócio de startups, não é recomendável (nem possível) previsões de longo prazo. Em um cenário volátil, incerto, complexo e ambíguo, é fundamental trabalhar com informações, comportamentos, problemas e soluções de curto e médio prazo. Na era da quarta revolução industrial, uma revolução da inteligência, os comportamentos tendem a mudar rapidamente, alterando mercados inteiros. Imagine uma empresa de transporte planejando os cinco próximos anos do negócio no momento em que o Uber entrou no mercado? Quem poderia prever que, em pouquíssimo tempo, as pessoas achariam "normal" pegar carona com um desconhecido, em seu carro próprio, contactado pelo celular? Imagine também um planejamento que indique o comportamento de um consumidor que deixará de comprar CDs para ouvir músicas em um aplicativo como o Spotify? Como prever o comportamento de um cliente com um produto ou serviço que ninguém testou antes?

Quando o plano de negócios gera mais dúvidas do que respostas, usar as metodologias ágeis para escrever o modelo de negócio tem sido a decisão tomada pelas startups. Convém, então, detalhar os dois conceitos que já citamos: 1) *lean startup* e 2) *business model canvas*.

O modelo de gestão empregado no século XX, e protagonizado pelas indústrias, garantia que cada ideia passasse pelas fases de desenvolvimento, teste e lançamento, tomando como base um mercado conhecido e clientes potenciais à espera desse produto. A indústria de bens de consumo o adotou na década de 1950 e o espalhou para os negócios de tecnologia. O foco desse modelo de gestão é o produto.

Figura 2.1 – Introdução de novos produtos

Conceito   Desenvolvimento   Testes   Lançamento

Fonte: Blank; Dorf, 2014, p. 33.

Como demonstram Blank e Dorf (2014), o modelo de introdução de novos produtos, ilustrado na Figura 2.1, é adequado para uma empresa cujos clientes são conhecidos, os recursos do produto podem ser especificados antecipadamente, o mercado está bem-definido e a base da concorrência é entendida.

Descobrir que a ideia não pode ser viabilizada ou que ninguém compraria o produto no final de um desenvolvimento é fatal para a startup. Gastar tempo e recurso (que, geralmente, não se tem) para montar um negócio e somente depois descobrir problemas críticos é um risco que muitas empresas que estão em cenários incertos e diferentes desse correm ao usar o modelo convencional de lançamento de produtos. E é justamente isso que os processos de construção de modelo de negócio baseado em *lean* evitam.

capítulo 2

O termo *lean*, que significa "enxuto", em inglês, é aplicado para negócios voltados para a redução de desperdícios. O *lean startup* entende que tanto o problema quanto a solução são desconhecidos. Essa incerteza permeia o empreendedor com maior propensão a trabalhar com *feedbacks*. A construção da ideia passa pelo entendimento de necessidades do cliente em um processo interativo para a construção de algo novo. Por isso, as metodologias ágeis iniciam com a fase da empatia, da descoberta.

Apesar de parecer intuitivo demais, disciplina é um ponto fundamental do sucesso na aplicação da metodologia *lean* no processo de desenho do modelo de negócio. Seguir o processo e se aprofundar em cada fase são fundamentais. O *lean startup* congrega conceitos como o produto minimamente viável (MVP, sigla do inglês Minimum Viable Product), que veremos em detalhe mais à frente, e a pivotagem, que é recalibrar e redirecionar a estratégia com base no conhecimento adquirido com o mais importante: a necessidade do cliente no centro da decisão.

Steve Blank e Bob Dorf (2014) listam, em seu manual, os três princípios básicos da metodologia *lean* startup:

- ■ **Princípio 1**: levando em conta que o empreendedor tem, no primeiro momento, apenas hipóteses, ele deve sintetizá-las em um *framework* gerencial fácil: o chamado *business model canvas*. Ele deve mostrar como a empresa cria valor para si e para seus clientes. Abordaremos esse modelo logo à frente.

- ■ **Princípio 2**: O *lean* startup indica que a empresa busque *feedbacks* de clientes reais sobre os produtos e serviços e que faça o mesmo com fornecedores e parceiros. Cada uma das áreas do *business model canvas* pode receber um *feedback*, o que torna o processo mais ágil e melhora, em ciclos, o produto ou serviço. O grande diferencial são agilidade e velocidade: criar produtos minimamente viáveis (MVPs) rapidamente e colocar no mercado para teste e *feedback*. O processo inclui, ainda, entender comportamentos, pontos de melhorias e fragilidades, planejar novamente, pivotar se for necessário e testar. Trata-se dos *sprints* de que já falamos, curtos, assertivos e voltados para a melhoria contínua e rápida.

■ **Princípio 3**: usar metodologias ágeis no desenvolvimento permite que o desenvolvimento do produto seja feito de forma interativa e incremental. O processo colaborativo de *sprints* faz com que o MVP seja colocado à prova, que o usuário esteja preparado e disponível para testar e dar *feedback* e que o time esteja em sintonia para agir com a velocidade que o processo exige.

Retomando o tema *business model canvas*, no vídeo *Sketch Out Your Hypothesis* (em português, Esboçando suas hipóteses), o suíço Alexander Osterwalder (2013) explica a utilização do *business model canvas* com o caso da Nespresso, diferenciando totalmente o negócio de venda de máquinas e o negócio de venda de cápsulas de café.

O preenchimento do *canvas* mostra que a estratégia de criar um mercado por meio da venda de cápsula exigiu uma grande mudança na visão da indústria de seus canais de distribuição, estrutura de custos e comportamento do consumidor, mas gerou um enorme resultado financeiro e de sua margem de lucro. O consumidor se mostrou disposto a pagar mais pelo mesmo café disponibilizado no mercado de outra forma.

No exemplo da Nespresso, vemos a aplicação das informações nos nove blocos propostos pelo *business model canvas* que sintetizam a estratégia da empresa, conforme mostra o Quadro 2.1.

Quadro 2.1 – *Sketch Out Your Hypothesis*

Esboce suas hipóteses			🟨 Máquinas Nespresso 🟧 Cápsulas Nespresso	

O business model canvas permite olhar para todos os nove blocos de construção do negócio em uma página. Cada um dos componentes do *business model canvas* contém várias hipóteses que precisam ser testadas.

Parceiros-chave	Atividades-chave	Proposições de valores	Relacionamento com o consumidor	Segmentos do consumidor
Fabricação de máquinas	Produção	Máquinas de Nespresso	Adquirir e bloquear	Famílias
Cafeicultores	Marketing e marca	Cápsulas Nespresso		
	Distribuição B2C			
	Pesquisas-chave		**Canais**	
	Canais de distribuição		Varejo	
	Patentes		Pedido por *e-mail* e *call center*	
	Café		Nespresso.com	
	Instalações de produção		Lojas Nespresso	
	Marketing e marca			

Estrutura de custos		Fluxos de Receitas	
Produção		1x venda da máquina	
Marketing e marca		Vendas repetitivas de cápsulas	
Distribuição B2C			

Fonte: Osterwalder, 2013, tradução nossa

Os nove elementos do *business model canvas* (BMC)

1. **Segmentos de mercado**: quem são os clientes da empresa; quais segmentos; para quem ela gera valor?
   Nesse campo, é importante detalhar segmentos gerais, segmentos de nicho, possibilidades de diversificação, plataformas multilaterais etc.

2. **Proposta de valor**: qual problema do cliente a empresa ajuda a resolver; qual necessidade do cliente atende; quais soluções atendem quais segmentos; qual valor o cliente enxerga na empresa?
   Características como desempenho, novidade, *design*, usabilidade e acessibilidade são pontos a serem observados nesse campo.

3. **Canais**: quais os canais da empresa com o cliente; qual o mais rentável; qual canal funciona melhor; quais os canais preferidos do cliente; como se integram os diversos canais da empresa; como se integram com a rotina do cliente?
   Vale o entendimento, nesse campo, de cada ponto de contato com o cliente em diferentes momentos da compra: desde a descoberta até o pós-atendimento. A estratégia precisa ser eficiente de ponta a ponta nos canais.

4. **Relacionamento com o cliente**: quais os tipos de relação a empresa tem com o cliente; quais as relações o cliente espera dela; quanto custa a relação com o cliente; há relações específicas para cada nicho de mercado; como é a integração com o modelo de negócio?
   Nesse campo, é importante listar as possibilidades de gerar relacionamento. Pode-se usar tecnologia por meio de relacionamento *on-line*, *bots*, se for importante o contato pessoal. Pode-se ter em conta, ainda, a possibilidade de autosserviço, de criar comunidades etc.

5. **Fontes de renda**: quanto o cliente paga pelo serviço; quanto está disposto a pagar; como paga e como gostaria de pagar; quanto cada fonte de renda influencia no total?

capítulo 2

Nesse ponto, são listados os tipos de fonte, taxas, assinaturas etc., se o preço é fixo e depende do produto ou do cliente ou se é variável e depende de negociação etc.

6. **Recursos-chave**: de quais recursos necessita a proposta de valor; quais são os canais de distribuição?
   Esse ponto abrange exemplos de recursos físicos, intelectuais, humanos e financeiros.

7. **Atividades-chave**: de quais atividades necessita a proposta de valor; quais são os canais de distribuição?
   Esse ponto abrange exemplos de atividades de plataformas, produção, solução de problemas, *networking*.

8. **Parcerias-chave**: quem são os principais parceiros, os principais provedores; quais recursos-chave advêm dos parceiros; quais atividades-chave os parceiros precisam realizar?
   Nesse ponto, é avaliado se é possível otimizar e economizar em algum item. Existe um plano de redução de risco? Planos de incentivo?

9. **Estrutura de custos**: quais os custos mais importantes para o negócio; quais recursos-chave mais caros e as atividades-chave?
   Nesse ponto, é avaliado se o negócio é mais dirigido por custo ou por valor.

Cada um dos nove campos deve conter hipóteses a serem testadas. O preenchimento do *business model canvas* tem melhor resultado quando feito em times. Como todo processo da metodologia ágil, a figura do moderador, o time multidisciplinar, o foco no cliente e a mentalidade de inovação são fundamentais para atingir melhores resultados.

O modelo do quadro do *business model canvas* está disponível em diferentes *sites* e plataformas *on-line*. Imprimi-lo em grande formato e utilizar papéis colantes para as respostas são estratégias comuns de preenchimento. Buscar um local agradável, que incentive a criatividade, montar um time engajado, que aceite *feedbacks* e esteja disposto a compartilhar são decisões que fazem a diferença.

Depois de pronto o *canvas*, o time deve se fazer as seguintes perguntas:

> O que se encontra nesses campos faz sentido?
> Há possibilidades de melhoria?
> Todos entendem e concordam?

Como são levantados muitas ideias, problemas e situações durante o processo, é conveniente aproveitar esse conteúdo para melhorias e novas ideias. Se não fazem sentido nesse momento, tudo deve ficar registrado para consultas futuras.

Ressaltamos que esse processo é cíclico, ele pode ser repetido com produtos, serviços, problemas e oportunidades diferentes e específicos. E deve ser repetido constantemente. Revisitar a estratégia tende a gerar ótimas oportunidades de alinhamentos e inovações.

Um método ágil, focado na necessidade do cliente, não pode ser confundido com desenvolver produtos "da moda". Esse é um erro comum que deve ser evitado por uma startup. A nova economia não só acelera a adoção de tecnologias, mas também as torna obsoletas com a mesma velocidade. Uma necessidade de um momento específico pode não durar por tempo suficiente para a empresa se tornar valiosa. Lembremos que escalar a solução para outros mercados ou outros segmentos é crucial para o sucesso das startups; por isso, o foco deve ser a resolução de problemas, e não a tecnologia disponível.

O produto é tão importante quanto a capacidade de venda, e a aceitação no mercado comprador. Por essa razão, o *feedback* do cliente é tão valioso, sendo fundamental complementar a visão do desenvolvimento com um time multissetorial. Muitas startups fundadas por desenvolvedores focam todos seus esforços na tecnologia e pecam na visão comercial do negócio.

Dados da pesquisa *State of Startup* (2019) mostram que, no geral, startups têm entre dois e três fundadores (48,3% têm dois fundadores e 22,7%, três fundadores). Quando perguntados sobre qual é o executivo mais difícil de ser contratado, a área de vendas foi muito representativa, com significativos 28,6%, seguida pelas áreas de engenharia e de *marketing*.

capítulo 2

Gráfico 2.1 – Qual foi a contratação mais difícil de executivos que fizemos?

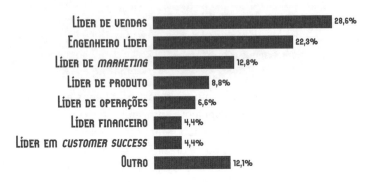

Fonte: First Round, 2019, tradução nossa.

Em 2012, Steve Blank e Bob Dorf publicaram seu manual com o passo a passo das técnicas *lean* que oferece orientação para startups, empreendedores e inovadores. Indicamos fortemente a leitura.

Essa metodologia não é garantia de sucesso de startups, mas, certamente, é uma excelente ferramenta para diminuir as falhas, oferecendo mais agilidade e mais conhecimento de dados reais sobre o universo em que está inserida.

Nos últimos anos, o cenário global tem sido marcado por constantes crises por que passam os países – em que, como consequência da globalização, todos são afetados –, pela concorrência de mercados internacionais, pela incerteza sobre as próximas décadas, acelerada pela pandemia de Covid-19 (que abordaremos no capítulo final), e pelo sucesso que startups vêm mostrando no mercado em muitos segmentos. Nesse contexto, negócios e empresas convencionais começaram a se interessar pelo modelo de negócio adotado por startups. Percebem que metodologias ágeis, a utilização do *business model canvas* para o lançamento de produtos e a metodologia *lean* são também viáveis em seus negócios e processos.

Muitas universidades e escolas de negócio também incluíram o estudo *lean* em suas ementas, o que está ajudando a popularizar ainda mais a metodologia. Isso vem criando a necessidade em mercados convencionais de profissionais com competências de gestão em metodologias ágeis e visão de modelos de negócio escaláveis.

A *lean* também passou a ser vista com bons olhos pelo mercado dos pequenos negócios que, com escassez de recursos e com necessidade de tomadas rápidas de decisão, podem se beneficiar dos processos de planejamento e execução oferecidos pelo método.

2.2 Business development

Ainda não há muitas publicações disponíveis sobre o termo *business development*, ou desenvolvimento de negócios, em português. Mas acadêmicos, profissionais e estrelas emergentes do mundo de negócios – como os editores da *The Palgrave Encyclopedia of Strategic Management* (Augier; Teece, 2018) – dão uma visão geral sobre esse e diversos assuntos de gestão, e se esforçam para garantir que todos os aspectos do campo sejam cobertos.

O desenvolvimento de negócios tem sido implementado em organizações, em especial de tecnologia, como fonte de gestão de inovação. Estabelecer alianças estratégicas com outras empresas ou segmentos, expandir a capacidade de desenvolvimento ou pesquisa, implementar novos produtos ou até mesmo novos negócios são atuações fundamentais dessa nova área; além, é claro, de buscar o capital necessário para essas ações por meio de financiamentos, aquisições/alienação de tecnologias etc.

Hans Eibe Sorensen (2012), especialista em biotecnologia, ressalta que o desenvolvimento de negócios abre oportunidades contínuas de valor em longo prazo. Para isso, é fundamental a construção de relacionamentos sólidos entre os parceiros e a colaboração de várias áreas sendo conduzidas por um profissional com habilidades gerenciais e analíticas, o chamado *business development representative* (BDR), ou *business development manager* (BDM).

O BDR é um profissional sênior de mercado que, geralmente, com experiência nas áreas de marketing, vendas, finanças, M&A (fusões e aquisições) e tem a responsabilidade de identificar e criar oportunidades de negócios, conectando diferentes interlocutores a fim de facilitar negociações. Essa tarefa é essencialmente consultiva, o que torna o BDR um elemento estratégico para a geração de receita nas empresas.

Nesse sentido, são três os elementos principais do *business development*: 1) estrutura; 2) processos e tarefas; 3) pessoas (Sorensen, 2012).

Por fim, o desenvolvimento de negócios pode ser adotado como uma tática de *marketing* para fortalecer o *branding*, expandir mercados, adquirir novos usuários e ser reconhecido por eles. No entanto, a principal função do desenvolvimento de negócios é utilizar parceiros para vender aos clientes certos.

2.3 Conceito e fundamentos para o MVP e validação

No mundo de startups, muito se fala de MVP (*minimum viable product*) ou PMV (produto minimamente viável). Convém, então, explicar o que ele significa.

A designação *produto mínimo* é associada comumente a um produto mais barato. Contudo, a elaboração do MVP não tem apenas a ver com preço de produção, mas também com tempo e aprendizado. As metodologias ágeis lançaram a fase de teste ao protagonismo no desenvolvimento de negócios, ideias, produtos e serviços. O termo *produto mínimo* tornou-se popular no conceito de *lean startup*, com o objetivo de reduzir desperdício financeiro, de recursos e de tempo.

O MVP passa pela realização de testes que validam a viabilidade do negócio, ideia, produto ou serviço. É uma forma de colocá-lo em prática para a experimentação de um grupo de consumidores selecionados, a fim de testar suas reações, receptividade, entendimento e a eficiência da solução. É muito enfatizado na metodologia *lean*, não por se tratar de um produto finalizado, mas por permitir a existência de um produto minimamente viável para que esses testes tragam aprendizados, divergências e confirmações sobre o projeto desenvolvido.

Embora o produto não esteja acabado, o teste deve oferecer um mínimo de recursos agrupados de modo que mantenham a referência sobre a solução para o problema para o qual foi criado e deve entregar a proposta de valor desejada ao cliente. Feita a validação do MVP, o empreendedor deve ter clareza se o consumidor vê valor e se o projeto soluciona seu problema.

A escolha desse grupo de consumidores é igualmente importante. Deve-se compor uma amostragem representativa do universo do mercado, com as mesmas diversidades, regionais ou comportamentais. É essencial que o consumidor não tenha ligações com fases iniciais que o façam agir de forma condicionada aos testes.

A fase de prototipação ajuda a startup a entender o comportamento real do consumidor no momento do consumo da solução. Normalmente, esse momento confronta as paixões dos fundadores das startups e amadurece o time de desenvolvimento. Lembremos que o foco de todo o processo de desenvolvimento está no cliente, não no produto.

O MVP deve colocar o foco no problema a ser resolvido, não na solução que está se criando. Ele também conduz o projeto a melhorias significativas antes de seu lançamento, o que evita o indesejável desperdício de tempo, recurso e dinheiro nessa fase.

A inovação se prova durante o MVP, a construção coletiva aperfeiçoa o processo e oferece possibilidades importantes de conhecimento de pontos como tamanho real de mercado, preço e valor, entre outros.

Como começar?

O produto do MVP depende de que tipo de produto, serviço ou negócio a startup está colocando no mercado. Alguns exemplos comuns são *landing pages*, protótipos de aplicativo, documentos de conformidade de produto, testes de estresse de protótipos, jornada de consumo/compra etc.

capítulo 2

É possível optar por um tipo de MVP não escalável, para atender a um mercado específico ou limitado. Para isso, é muito útil para o desenvolvimento colocar um pequeno grupo de clientes em contato com a solução e analisar passo a passo o consumo e colher *feedbacks*. Em outros casos, o melhor resultado será colhido por meio da exposição da ideia ou produto. Uma campanha de *marketing* digital ou um vídeo explicativo serão suficientes para medir o interesse de um público consumidor possível e colher *leads* que serão úteis em etapas seguintes. Mapear o relacionamento do público impactado pela campanha trará dados sobre o consumo e o perfil do consumidor. Para algumas soluções, essa forma de testar o produto é ideal e suficiente.

Para alguns tipos de produtos, não tem jeito, o protótipo é o formato mais adequado para teste, pois ele permite definir usabilidade, funcionalidades, comportamentos por meio da solução mais fiel possível à definitiva. Esse tipo de MVP exige um investimento maior do que os descritos anteriormente, porém promove um nível de conhecimento mais amplo.

A despeito disso, o protótipo tem vantagens que valorizam o aspecto de ganho de tempo e recurso dos MVPs, pois são entendidas as limitações de *layout* e de integrações que o produto final terá que apresentar.

Ainda, para colocar o produto à prova, pode-se aplicar um teste A/B, com dois tipos diferentes de protótipos que direcionem o consumidor a fazer escolhas. Essas escolhas serão fundamentais para o entendimento da startup para o produto correto.

Para exemplificar, nada melhor do que falar das gigantes e seus aprendizados.

Quem assistiu ao filme *A rede social* (2010), de David Fincher, teve a oportunidade de conhecer os bastidores da criação da startup que se tornou a rede social mais utilizada do mundo. Hoje, com 2,2 bilhões de usuários ativos por mês e faturamento de 70,7 bilhões de dólares em 2019, o **Facebook** teve início em um dormitório da Universidade de Harvard. Em 2004, três jovens estudantes tinham o objetivo de criar um espaço para que as pessoas pudessem encontrar outras, compartilhando opiniões e fotografias. O MVP foi testado entre os alunos de Harvard e foi importante para que Mark Zuckerberg e seus parceiros fizessem as primeiras adaptações apontadas como necessárias no processo de validação. Esse processo é contínuo e se estende por todo o ciclo de melhorias, mudanças de logaritmo e aquisições do grupo.

O **Dropbox**, empresa de serviço para armazenamento e compartilhamento de arquivos no conceito de computação em nuvem, utilizou um vídeo narrado pelo seu criador, Drew Houston, para explicar a seus potenciais clientes a ideia de um repositório de arquivos muito mais simples e fácil do que os concorrentes da época. A publicação do vídeo gerou para os criadores um *mailing* importante de interessados que os ajudaram a confirmar que existia mercado para o produto e a validar o funcionamento antes mesmo do investimento em infraestrutura e desenvolvimento da plataforma.

O *case* do MVP do **Airbnb** também é bastante interessante. O teste foi feito com o apartamento dos próprios fundadores – Brian Chesky e Joe Gebbia –, que tinham uma ideia e nenhum dinheiro. Eles anunciaram vagas nos quartos do seu apartamento para uma conferência sobre *design* em São Francisco, na Califórnia. Três participantes do evento que não conseguiram reservas em hotel foram os primeiros hóspedes e validaram a hipótese de que alguém pagaria pela experiência de ficar na casa de outras pessoas durante suas viagens.

O **Groupon** iniciou suas atividades com o criador Andrew Mason postando manualmente cupons de descontos em um *site*. Ao receber o formulário de interesse preenchido, a equipe enviava um arquivo PDV ao *e-mail* cadastrado. Assim, os criadores e desenvolvedores testavam tanto o interesse do consumidor quanto a forma de entrega e utilização dos cupons.

A **Uber** – companhia global de transporte – iniciou seus testes, em 2009, conectando um passageiro a um taxista de carros de luxo. O pagamento com cartão de crédito foi usado como gatilho diferencial. Só depois de desenvolver e testar a utilização do aplicativo em São Francisco, a empresa ampliou o serviço para outras cidades e

capítulo 2

incluiu a funcionalidade que permitia a qualquer pessoa se tornar um motorista Uber usando seu próprio veículo. Como sabemos, isso revolucionou o mercado de transportes no mundo.

Por último, um exemplo de MVP que apoiou a melhoria do próprio processo de utilização de MVP: o **Spotify** – o serviço de *streaming* mais popular e usado do mundo – foi lançado em 2009 utilizando uma *landing page* que se concentrava em disponibilizar o *streaming* de música em *desktops* apenas. Dessa forma, seus criadores testaram o mercado de consumo antes de resolver as questões legais e técnicas de licenciamento de músicas e disponibilidade. Os quatro passos criados pelo Spotify em seu MVP foram: *think it, build it, ship it, tweak it* (em uma tradução livre: pensar, construir, mandar e transformar). Eles abrangem desde o teste conceitual até o físico do MVP e, com base nisso, lançam e melhoram as versões gradativamente. Esse método é usado pela empresa até hoje.

2.4 Modelo de receita das startups

Gerar receita e ter lucro são, sem dúvida, os objetivos de qualquer negócio. Ainda que a motivação social seja uma premissa, não há negócio sem ganho econômico. Tão importante quanto definir modelos viáveis de negócio e monetização para boas ideias é medir a lucratividade. Já comentamos aqui sobre a importância de ter gestão, de monitorar, de mensurar o que afeta diretamente a sobrevivência das empresas. Essas recomendações se aplicam, inclusive e ainda mais fortemente, a empresas de impacto, em que o modelo escalável é o diferencial, e a lucratividade acompanha essa escala.

Escalabilidade e lucratividade são fatores fundamentais para atrair clientes e investidores, são os pontos principais a serem defendidos desde o primeiro *pitch*. Para isso, o primeiro passo é entender os modelos de receita que se aplicam a startups.

A lucratividade é o resultado da soma das receitas excluindo-se os custos e as despesas envolvidos no negócio. Para se determinar esse número, utiliza-se a Demonstração do Resultado do Exercício (DRE). Esse é um documento contábil que reproduz o resumo dos resultados operacionais e não operacionais de um negócio em um período em que constam informações como os indicadores de receitas e despesas; os investimentos; custos e provisões. Esse documento também pode ser indicado pela sigla ARE, que é a Apuração do Resultado do Exercício.

A legislação brasileira obriga toda e qualquer empresa a fazer um controle periódico da situação contábil, de acordo com a Lei n. 11.638, de 28 de dezembro de 2007, apresentando movimentações, transações e posições econômicas e financeiras (Brasil, 2007). Na grande maioria das vezes, o período determinado corresponde ao ciclo anual de janeiro a dezembro (doze meses), como exercício financeiro da empresa, mas não é incomum que sejam feitas DREs mensais simplificadas para fins administrativos, e até DREs trimestrais para o monitoramento dos gastos fiscais.

Esse acompanhamento em ciclos menores pode ser uma vantagem competitiva apoiando o diretor financeiro (CFO, *chief financial officer*) da startup na gestão e geração de *insights* para tomada de decisões mais eficientes para o negócio. É, por isso, que o bom gestor deve entender, mesmo que superficialmente, dos lançamentos contábeis e ficar vigilante com a DRE.

Resumidamente, a DRE de uma empresa se estrutura da seguinte maneira:

RECEITA BRUTA
(–) Deduções e abatimentos
(=) RECEITA LÍQUIDA
(–) CPV (Custo de produtos vendidos) ou CMV (Custos de mercadorias vendidas)
(=) LUCRO BRUTO
(–) Despesas com Vendas e Marketing
(–) Despesas Administrativas
(–) Despesas de P&D

capítulo 2

> (=) **RESULTADO antes RF**
> (–) Despesas Financeiras
> (=) **RESULTADO antes IR**
> (–) Provisões IRPJ E CSLL
> (=) **RESULTADO LÍQUIDO**

João Kepler, investidor em mais de 400 startups e premiado como melhor investidor-anjo do Brasil pelo Startup Award, e Thiago Oliveira indicam alguns cuidados que a startup precisa ter na gestão financeira de seu negócio (Kepler; Oliveira, 2019).

Um deles é, justamente, o cuidado com os **custos**. Os custos fixos e variáveis precisam ser rastreáveis em todas as suas fontes. Lembremos que os custos podem ser classificados em CPV (Custo dos Produtos Vendidos), CMV (Custo de Mercadorias Vendidas) ou CSV (Custo dos Serviços Vendidos). Normalmente, nas startups, os custos variáveis estão relacionados à mão de obra.

Também é fundamental calcular a margem de contribuição. Ela deve ser levantada produto a produto. Essa margem auxilia na definição da precificação; por isso, esse valor proporciona a certeza de que o volume de venda do produto/serviço se reflete no percentual de lucratividade da empresa.

Manter atenção ao fluxo de caixa, acompanhar e atualizar o fluxo de caixa periodicamente (com um prazo definido que pode ser mensal, quinzenal ou semanal) são ações que levam o empreendedor a visualizar com mais clareza as contas que consomem mais recursos e quais receitas geram maior impacto positivo.

Muitos negócios pecam por não provisionarem um fôlego financeiro, o capital de giro é diferente do investimento inicial da empresa. O capital de giro, também chamado de Ativo Circulante, é o dinheiro que custeia e mantém suas despesas operacionais do dia a dia.

Há uma fórmula simples: CGL = AC – PC, em que AC são os valores de entrada financeira como aplicações, contas a receber etc. e PC corresponde ao passivo como contas a pagar, empréstimos etc.

A ACE Startups – empresa de investimentos em startups, pioneira no Early Stage no Brasil – indica, em seu programa de apoio a startups *Growthaholics for Startups* (ACE Startups, 2021), os sete principais modelos de receita, que são as formas como a empresa ganha dinheiro.

1. **Markup**: muito utilizado para o varejo, esse método de precificação se baseia no **custo** dos produtos. É utilizado com facilidade por meio da seguinte fórmula: 100/[100 – DF – DV – LP], na qual DF – despesas fixas; DV – despesas variáveis; LP – lucro pretendido. Após obter o valor do *markup*, basta multiplicar pelo custo do produto para achar o preço de venda.

2. **Arbitragem**: é a receita gerada pela diferença de preço de um produto em mercados diferentes. Ao comprar em um mercado por preço menor e revender em outro mercado com preço maior, a receita é gerada. O mercado de *commodities* é um dos que se aproveitam desse modelo.

3. **Licenciamento**: é um modelo bastante utilizado por empresas de *software*. Os inventores predefinem um valor a ser pago pelo usuário pelo consumo por tempo determinado. Também pode ser utilizado para cessão de uso territorial para pessoas ou empresas.

4. **Comissões**: o modelo de comissões é muito difundido no mercado comum, mas está sendo também observado como forma de monetização de startups. É usado para intermediar negócios entre duas pontas. O comissionado recebe valor percentual do total por uma prestação de serviço para esses dois *players*. Há monetização a cada transação realizada; por isso, o modelo também pode ser chamado de transacional. Muito utilizado nos meios de pagamentos de *apps* de carona, por exemplo.

5. **Assinatura**: gera receita recorrente mensal, quinzenal ou anual. Os usuários pagam para ter acesso ao serviço. Modelo aplicado por gigantes como Netflix, Spotify e o unicórnio brasileiro Gympass.

6. **Advertising**: o Facebook é um exemplo da utilização desse modelo. O usuário consome gratuitamente o serviço e a viabilidade do negócio se dá pela receita publicitária de grandes marcas. Aqui o volume no fluxo de pessoas que trafega pelo *site* é fundamental e a qualificação da base de dados um diferencial.

7. **Fee-for-service, ou pay-per-use**: é um modelo em que o usuário paga somente ao usar e pelo tempo que usar. Novidade no Brasil, a telemedicina é um exemplo desse modelo em que o usuário paga pela consulta médica (embora os médicos paguem, geralmente, no modelo assinatura).

Esses são alguns exemplos, há inúmeros outros e, com certeza, muitos ainda serão inventados. O importante é encontrar uma forma de colocar o negócio em funcionamento e torná-lo viável financeiramente.

Todos esses conceitos devem se transformar em ações práticas no dia a dia de uma startup e são fundamentais para que a ideia evolua para um negócio lucrativo e viável. É considerado normal, no mundo das startups, tomar riscos; inclusive, esse é o ponto que difere um negócio de alto impacto de outros. No entanto, a saúde financeira deve ser buscada desde o dia primeiro da abertura do negócio. É cada vez mais raro investidores se aventurarem com empresários que não têm clareza da forma de monetização de seu negócio ou, pelo menos, não demonstram preocupação relevante na busca da equação para chegar ao ponto de equilíbrio e, depois, à lucratividade.

O ponto de equilíbrio, também chamado de *breakeven point*, é aquele momento em que ainda não há lucro, mas as despesas e as receitas se nivelam. É depois desse ponto que a lucratividade aparece e as retiradas para os sócios são, na maioria dos casos, possíveis.

Figura 2.2 – Ponto de equilíbrio, ou *breakeven point*

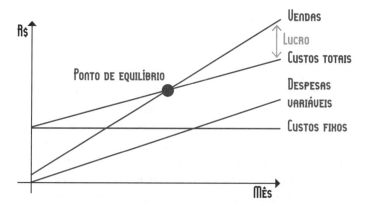

Fonte: Kepler; Oliveira, 2019, p. 100.

Por sua importância, é fundamental preparar uma estrutura profissional para a gestão financeira. Mesmo com uma estrutura enxuta, é indicado que a startup invista na contratação de um profissional de contabilidade e controle, bem como na automatização desse controle. Atualmente, existem diversos *softwares* (muitos gratuitos e outros pagos) que apoiam consideravelmente essa gestão, aprimorando as planilhas (que ainda podem ser muito adequadas) para ambientes mais inteligentes de gestão. Cada estrutura e negócio deve escolher o melhor processo, mas não pode negligenciar essa área de negócio.

2.5 Métricas de acompanhamento da startup

Todo empreendedor deve acompanhar o desempenho de seu negócio. As métricas são relacionadas a rentabilidade, escalabilidade e produtividade, entre muitas outras formas de mensurar a eficiência e o sucesso do negócio.

capítulo 2

A gestão orientada a dados tem se tornado o grande diferencial nas empresas de sucesso e uma vantagem para as empresas de tecnologia, pois seus produtos e serviços digitais, por sua natureza, geram centenas de dados. Esse é um assunto tão importante que deu origem ao termo *data driven*. Ser *data driven* significa ter uma base sólida para tomar decisões em vez de se basear em suposições. Os dados precisam ser tratados, gerar inteligência e apoiar a tomada de decisões. O futuro dos negócios é orientado por dados.

A sigla KPI – *key performance indicator*, em inglês – significa indicador-chave de desempenho e diz respeito a conjuntos de valores mensuráveis, capazes de gerar índices de sucesso em diferentes áreas. Muito utilizados no setor de *marketing* para medir resultados de campanhas, como alcance de marca e *performance* de anúncios, os KPIs se estenderam para todos os setores da empresa, como RH, finanças, operações etc.

A essência das startups, com equipes reduzidas, verbas limitadas e tempo crítico de desenvolvimento, torna a assertividade, a confiabilidade e o acompanhamento de métricas ainda mais fundamentais para esse modelo de negócio.

Dada sua importância, é necessário identificar as métricas fundamentais para cada modelo vertical de startup, como uma bússola que orienta os empreendedores na tomada de decisão. São muitas as métricas que a startup precisa acompanhar ao longo de sua vida.

A seguir, detalhamos algumas das mais relevantes do ponto de vista de investidores e consultores do mercado, divididas em métricas de gestão, de comunicação digital, para produtos aplicativos, para *sites* e ambientes *web*.

2.5.1 Métricas relacionadas ao negócio/finanças

As métricas desta seção dizem respeito à captação de clientes para o negócio e o esforço (financeiro, temporal e do time) que a startup tem de aplicar para trabalhar com essa base. Não é preciso contemplar todas as métricas de uma vez, porém é preciso acompanhar o mercado potencial e possível; com base nele, é essencial saber como o cliente consome o produto ou o serviço e o fluxo financeiro.

Custo para aquisição de clientes (CAC)

Essa é, sem dúvidas, uma das principais métricas para esse tipo de negócio. Ela é calculada por meio da divisão de todo o investimento feito para aquisição de clientes pela quantidade de clientes adquiridos em um período específico. Investimentos em aquisição de clientes, geralmente, são relacionados a *marketing*, *call center*, vendas etc. Incluem-se nesse valor todo o custo de criação de campanhas publicitárias, salários relacionados a essa área, comissões, entre outros.

É importante observar (e mensurar) o tempo que cada cliente leva para gerar receita líquida para cobrir o CAC. Esse tempo de recuperação do investimento na aquisição do cliente tem influência direta no fluxo de caixa da empresa.

Lifetime value (LTV)

Essa métrica está relacionada ao valor médio que um cliente gasta durante o tempo em que está consumindo ou se relacionando com a startup. Também chamada de valor de vida útil do cliente (*customer lifetime value*, em inglês, CLV), pode ser calculada pela fórmula simples LTV = (ticket médio × média de compras do cliente anual) × média de tempo de permanência do cliente na empresa.

Observados em conjunto, o LTV proporcionalmente ao CAC, são capazes de mostrar o quanto a startup está crescendo e dando lucro. Se o custo de aquisição for igual ou superior ao LTV, significa que a empresa não está gerando lucro. A decisão de escalar, nesse caso, pode gerar um risco para o negócio.

Por esse motivo, essa relação é também uma das métricas mais observadas por investidores e fundos de investimentos. Não é incomum que se exija uma relação 3/1, 5/1 ou maior, que indica que cada cliente rende um ganho monetário de três vezes, ou cinco vezes, em suas transações.

Taxa de clientes perdidos (*Churn rate*)

Diz-se que manter um cliente é tão ou mais importante do que conquistá-lo. Para saber o quão eficiente a empresa está nesse quesito, basta acompanhar a taxa de clientes perdidos em determinado período, também chamada de *churn rate*. Perder clientes é esperado em qualquer negócio; a questão é que essa taxa pode indicar se o produto ou serviço está sendo valioso para o cliente.

Algumas ações podem ajudar a startup a mantê-la baixa, como *customer development* (alinhamento entre produto e mercado), *user experience* e *customer success*, por exemplo.

Essa taxa é extremamente relevante para negócios baseados em receitas recorrentes e *softwares como serviço* (SaaS).

Não há um percentual ideal aceitável, mas é indicado que a startup cresça a uma taxa sempre superior ao *churn rate*.

Taxa de queima de dinheiro (*burn rate*)

A taxa de *burn* indica quão rápido a startup está queimando suas reservas de caixa em um período específico. Os motivos da utilização dos recursos podem ser variados como gastos e investimentos realizados. É uma métrica extremamente dinâmica e o ideal é que sua análise esteja relacionada ao ponto de equilíbrio de vendas e comparadas a um período anterior equivalente.

Custo de produto vendido (CPV); custo do serviço vendido (CSV) e custo das mercadorias vendidas (CMV)

Com algumas diferenças de nomenclatura, essas três métricas também são muito utilizadas e importantes para startups e investidores. Elas estão diretamente ligadas à precificação do produto ou serviço e são valores contábeis constantes na DRE.

São custos relacionados a gastos da operação em um período específico. Saldos de estoque ou serviços em andamento também devem ser somados a essa conta.

Receita mensal recorrente (MRR)

Do inglês, *monthly recurring revenue*, a sigla MRR indica uma métrica bastante relevante para startups que trabalham com receitas recorrentes ou modelos de assinatura (SaaS). É bastante observada por investidores, pois demonstra a sustentabilidade financeira da startup.

Net promoter score (NPS®)

O *net promoter score* (NPS®) é uma métrica que indica o grau de lealdade do cliente. Foi criada por Fred Reichheld (2003) e publicada no artigo intitulado *The One Number You Need to Grow* (*Um número que você precisa para crescer*). Trata-se de uma escala de 1 a 10 sobre quanto o consumidor indica o serviço ou produto.

Mercado total possível (MTP), mercado total disponível (MTD) e mercado-alvo

No momento do planejamento do negócio, a definição do tamanho do mercado potencial e o público-alvo são fundamentais. Desse planejamento, emerge uma métrica que pode ajudar os empreendedores a entender seu potencial de escala e a se posicionar da forma correta no mercado.

Blank e Dorf (2012) empregam o termo "hipóteses" para a definição do tamanho de mercado, o que ajuda a determinar até onde a empresa pode crescer e clarifica o mercado total, o mercado disponível e o mercado-alvo. Tanto para mercados físicos quanto para mercados digitais, isso quer dizer que a unidade de medida dessa métrica é bastante variável. Para um produto digital, como um *app*, o tamanho do mercado pode ser medido em número de usuários do sistema operacional; para um produto físico, em número de habitantes da localidade, pode ser em dólares, *page views* etc.

O importante é compreender que o mercado total possível é bem diferente do mercado-alvo. Da quantidade total de usuários de iPhone (mercado total possível), quantos utilizam no idioma em que dado *app* é disponibilizado – por exemplo, português – (mercado total disponível), e quantos têm a necessidade que o *app* resolve (mercado-alvo). Com esse pensamento, a visão de crescimento de mercado se torna bem mais realista.

capítulo 2

Figura 2.3 – MTP, MTD e mercado-alvo

MTP = O TAMANHO DO UNIVERSO
MTD = QUANTOS SE PODE ALCANÇAR COM O CANAL DE VENDAS
Mercado-alvo (para uma startup) = QUEM SERÃO OS COMPRADORES MAIS PROVÁVEIS

Fonte: Blank; Dorf, 2014, p. 89.

Uma ressalva importante é que a medida de tamanho de mercado disponível diz respeito ao passado. Ao avaliar o tamanho de mercado, não se pode esquecer de mercados que podem ser criados com o advento de novas tecnologias, de novos hábitos do consumidor, ou de mercados adjacentes para os quais os clientes podem migrar. Mercados novos são difíceis de serem mensurados.

São úteis, ainda, as métricas TAM (*total addressable market*), SAM (*serviceable addressable market*) e SOM (*serviceable obtainable market*). Especificaremos essas métricas quando detalharmos o *product/market fit* adiante.

Ambientes digitais contam com métricas específicas que os tornam altamente mensuráveis, abrangendo quantidade de usuários, engajamento, e volume de vendas. O *marketing* digital deu centralidade aos dados nas decisões de estratégias de comunicação fazendo as decisões de investimento, que antes eram apenas aplicadas a alcance e audiência dos grandes canais de comunicação, migrarem para o atingimento um a um do consumidor.

Os anos 2000, quando da popularização da internet, foram marcados por profundas mudanças na forma como as marcas influenciavam seus clientes. Anúncios de jornais se transformavam em *banners* em portais de notícias, malas-diretas viravam *e-mails marketings*, classificados se transformavam em SEO (*search engine optimization*, ou otimização para motores de busca) –, obrigando as empresas a estarem bem-ranqueadas em *sites* de busca. Relacionamentos via *call center* passavam a ser também feitos pelas redes sociais que surgiam. E, no fim do dia, uma tonelada de dados estava disponível para gestores tomarem decisões estratégicas sobre sucesso e fracasso do negócio.

A tecnologia foi aliada fundamental na transformação dos mercados publicitário, jornalístico, de relações públicas, enfim, da comunicação em geral. A mídia programática, para muitos uma complexidade, tornou-se direcionada, assertiva, mensurável e "específica" para a entrega de conteúdo entre empresa e consumidor. Também abriu espaço para novos entrantes no mercado de geração de conteúdo. Se antes os grandes grupos de comunicação dominavam o mercado, agora, todo espaço *on-line* pode ser um canal de comunicação publicitária. Se antes apenas alguns profissionais eram os elegíveis formadores de opinião, agora, qualquer um pode ter sua "opinião" ouvida em canais digitais. A era do "prossumidor" se consolidou, nela o consumidor consome, mas também gera conteúdo.

O livro *Marketing 4.0 – Do tradicional para o digital* (Philip Kotler, Hermawan Kartajaya e Iwan Setiawan) mostra que o engajamento do cliente está ganhando importância.

> *Ele rompe as barreiras entre as empresas e os consumidores e permite que interajam como amigos. Na era digital, os profissionais de marketing precisam definir o equilíbrio entre o engajamento via pontos de contato e via tecnologia, dependendo da personalidade de seus clientes. Há um amplo espectro de interações possíveis, que incluem diversos tipos de interface de serviço ao cliente, interações em mídia social e gamificação. (Kotler; Kartajaya; Setiawan, 2017, p. 131)*

capítulo

2

Assim, a relevância e a individualidade tornaram-se mais importantes do que o meio ou o veículo quando se trata de comunicação e posicionamento de marca.

Vale, aqui, passarmos pelas principais métricas do *marketing* digital, pois são também essenciais para o planejamento e estratégia de negócio das startups.

2.5.2 Métricas sociais

As redes sociais mudaram a forma como consumidor e empresas se relacionam. Se antes o telefone era a porta de entrada para as centrais de atendimento a clientes, agora, Facebook, Instagram e Whatsapp cumprem esse papel. A diferença está na velocidade.

Os prazos para resolução de problemas estão cada vez menores, o consumidor, mais exigente, e o relacionamento, mais estreito, reforçando a importância da gestão profissional de relacionamento com o cliente.

As métricas sociais mostram o quanto a estratégia nesses canais está eficiente tanto para o tipo de canal quanto para o conteúdo publicado nele.

Acompanhando métricas como alcance, engajamento e taxa de clique, por exemplo, é possível detectar se a mensagem está chegando da forma que se espera e provocando a reação correta no usuário. Com a avaliação frequente das métricas sociais, a startup deve ajustar a estratégia de acordo com o comportamento do consumidor.

Alcance

Medir os resultados de postagens e interações de redes sociais tem levado muitas empresas ao sucesso. No entanto, ao longo do tempo, tem-se percebido que algumas métricas podem produzir percepções equivocadas do sucesso da estratégia. O alcance talvez tenha sido a métrica mais valorizada de todas quando o assunto são ambientes de redes sociais. Alcançar milhões de pessoas com uma postagem é o sonho de muito *social media*, mas constantes mudanças nos algoritmos de algumas empresas, como Facebook, Instagram, Linkedin, Twitter e Youtube, têm alterado essa visão.

Alcance é uma métrica visível, ela mostra quantas pessoas tiveram contato (de alguma forma) com o conteúdo publicado. Indica usuários únicos, quer dizer, é real no que diz respeito à quantidade de pessoas, mas não considera se o usuário captou a mensagem, o quanto o conteúdo surtiu efeito na percepção de quem viu. Também é uma métrica facilmente inflada com investimentos em campanhas publicitárias; mesmo assim, é válida para o planejamento.

Impressões

Nas impressões, são contabilizadas quantas vezes os *posts* foram exibidos para o usuário. Mesmo que um usuário tenha visto mais de uma vez, esse somatório está contabilizado no total de impressões. Avaliar esse número é importante, pois uma pessoa precisa de vários impactos para perceber a mensagem. Mas, assim como o alcance, não demonstra o entendimento do conteúdo pelo usuário.

Engajamento

Essa é uma métrica mais qualitativa do que quantitativa. Mede algum tipo de reação do usuário com relação ao *post*, que pode ser clique, curtida, compartilhamento, comentário etc. O engajamento é a métrica mais desejada pelo gestor das redes sociais, pois é capaz de demonstrar se o conteúdo teve sucesso em transmitir a mensagem pretendida. Quanto maior o engajamento, maiores os números de impressões e alcance. Essa métrica é altamente relevante para a estratégia de comunicação.

Vale mencionar algumas mudanças ocorridas nos últimos anos com relação ao engajamento. Em julho de 2019, a rede social Instagram deixou de exibir a contagem de *likes* nas postagens dos usuários. A decisão, na época, fez parte de uma ampla discussão sobre a pressão social por popularidade que jovens (principalmente) vinham sofrendo. O tema da depressão entre os jovens é uma pauta importante para a sociedade e as empresas são consideradas corresponsáveis nesse assunto. No entanto, essa medida ainda não está consolidada pelo Instagram.

capítulo 2

Outra discussão que vale citar é a de uso de robôs que aumentam a quantidade de números como curtidas e seguidores, inflando, de forma não verdadeira, esses números.

Seguidores

É a quantidade de pessoas que se envolvem com o perfil. Ao curtir uma página ou seguir um usuário, a pessoa se mostra disposta a acompanhar suas publicações. Quando uma página tem muitos seguidores, pode significar que ela detém muita influência nas redes sociais. Não necessariamente é assim, nem todas as publicações são exibidas para os seguidores, bem como, se não houver engajamento, a curtida acaba sendo uma métrica comparável ao alcance na análise do relatório de métrica. Pode trazer informação relevante com relação ao reconhecimento da marca, mas também deve ser observada a armadilha de ser uma "métrica de vaidade".

O tempo que os *posts* permanecem gerando audiência nas redes sociais varia conforme o perfil de cada uma. No geral, os 30 primeiros minutos de uma publicação são determinantes para o sucesso no engajamento.

É importante assinalar que as campanhas de mídia digital dividem os números dessas métricas citadas em dados orgânicos (relacionados ao resultado do conteúdo sem interferência da verba da campanha) e dados pagos (relacionados aos resultados que a verba investida para impulsionar o conteúdo alcança).

Companhias como Facebook (Facebook, Instagram), Twitter e Google (Youtube) são empresas que visam ao lucro; a verba publicitária investida nessas redes sociais viabiliza o acesso gratuito para os usuários. Melhorias e estratégias para aumentar essa receita têm sido o principal fator de mudança nos algoritmos de distribuição de conteúdo nos ambientes e de mudanças de visão e análise sob os números apresentados para cada uma das métricas explicadas aqui.

2.5.3 Métricas relacionadas a campanhas *on-line*

Diferentemente das métricas sociais, as relacionadas a campanhas *on-line* levam em conta o valor investido em cada meio. Haverá sempre a mais adequada a depender do objetivo da campanha. Por exemplo, uma campanha que busca gerar mais acesso ao conteúdo do *site* terá como foco medir cliques, já, se o objetivo é capturar contatos, o foco será a geração de *leads*.

É muito importante definir, no planejamento da campanha, a métrica que será analisada e programar as peças publicitárias para registrarem os dados para análise e acompanhamento.

Taxa de cliques (*click-through rate* ou CTR)

Taxa de cliques, ou CTR, revela a quantidade de cliques de um anúncio publicado em um *site*, portal ou mecanismo de busca. Ela é uma métrica que demonstra efetividade do anúncio e é o "portão de entrada" para a página de destino.

Com base no CTR, é possível avaliar se a mensagem tem o apelo desejado, se provoca o comportamento esperado, se faz o usuário agir de forma ativa com a marca. Estamos falando dos mais variados tipos de anúncio, mas que provoquem a ação do clique no usuário.

Para se determinar o número de CTR de um anúncio, é necessário outro dado, o número de impressões daquele anúncio na página onde foi publicado. Com isso, por meio do uso da seguinte fórmula, encontra-se o valor percentual da taxa de cliques:

CTR (%) = (Número de cliques no anúncio / Número de impressões) × 100,

Se analisada com algumas outras métricas, a taxa de clique pode indicar a segmentação da campanha, a qualidade das palavras-chave, as imagens e textos. É muito comum realizar testes A/B, com os mesmos objetivos apontados quando tratamos do MVP, testando qual imagem ou palavra leva o usuário à ação de clicar e interagir com o anúncio.

capítulo 2

É natural que campanhas *on-line* tenham acompanhamento constante e passem por repetidos processos de melhoria e ajuste ao longo do tempo em que estão no ar. Esse é um ponto de partida para avaliar o retorno sobre o investimento (ROI) da campanha.

Custo por clique (CPC)

O CPC corresponde ao custo de cada um dos cliques recebidos. Essa métrica é extremamente importante, pois determina se o investimento para atrair o cliente para a página-destino (*site, landing-page* etc.) está adequado.

Nesse caso, não existe uma regra que avalie se é caro ou se é barato conquistar esse ou aquele cliente, pois depende muito da estratégia e do valor que o cliente tem ao acessar o ambiente da marca. Existem casos em que o custo alto por clique em um *site* alcança um usuário altamente engajado, que gera grande lucratividade para a empresa; há, porém, *sites* que alcançam clientes com custo baixo, mas que não necessariamente façam transações na página-destino.

Para se calcular o CPC, basta dividir a quantidade de cliques obtidos pelo custo total da campanha: CPC = custo da campanha/ número de cliques obtidos.

Custo por *lead* (CPL)

Para entender essa métrica, é importante saber o que é um *lead*. O termo "geração de *lead*" é utilizado para contatos (usuários, clientes etc.) que indicaram real interesse no relacionamento com a marca. Ao clicar em um anúncio, o usuário se mostra propenso a realizar uma transação ou, pelo menos, abrir um canal mais estreito de relacionamento com a marca. Nesse sentido, todas as estratégias de *marketing* digital, de alguma forma, buscam gerar *leads*.

Quando discorremos sobre as estratégias que podem melhorar o CPC (custo por clique) de uma campanha, comentamos que um clique com valor mais alto não necessariamente significa um clique pior. Quanto mais qualificado é o *lead*, maior é a chance da transação e, consequentemente, maior valor aquele clique terá para a marca (e, nesse caso, o valor não é apenas financeiro).

Está nítido que estratégias bem-sucedidas de *marketing* passam pelo entendimento das necessidades e desejos do cliente também no ambiente digital. Essa compreensão resulta em campanhas mais assertivas e em maior captação de *leads*.

De qualquer modo, o propósito é converter *leads* em clientes, envolvendo, pois, várias outras estratégias de relacionamento e conteúdo.

Essa métrica permite conhecer o valor de cada *lead* gerado por meio de uma campanha, a quantidade de *leads* que se tornam clientes ou, ainda, o *ticket* médio para cada cliente conquistado. Ressaltamos que, nesse caso, o *lead* é diferente do clique pelo importante fato de o *lead* gerar informação relevante dentro da página-destino.

2.5.4 Métricas para *sites* e aplicativos

"In God we trust; all others bring data"
William Edwards Deming

Talvez você já tenha ouvido essa frase do professor americano William Edwards Deming, que se popularizou pelo mundo empresarial, ressaltando a importância de tomar decisões baseadas em dados. Em tradução livre: "Em Deus nós confiamos, todos os outros apresentem dados". A frase reitera a relevância da cultura da análise (Walton, 1986). Mais dados, mais informação. Mais informação, menos incerteza. Menos incerteza, decisões mais acertadas.

Por isso, o mundo *on-line* influenciou o mundo empresarial. Saber se o cliente visitou o *site*, mais ainda, quanto tempo ele permaneceu ali, quais os conteúdos acessados e, dos acessados, quanto interagiu com cada um, sem dúvida, é uma informação que pode resultar em muitas decisões acertadas.

capítulo
2

Diferentemente das redes sociais, nas quais o conteúdo se perde ao longo do tempo, os *sites* contêm conteúdos institucionais e aprofundados, e as métricas mais importantes mostram esse comportamento do usuário.

Antes de tudo, convém esclarecermos o conceito básico de SEO. A otimização de motores de busca é tão importante para captar os dados de forma eficiente que é obrigatório ao gestor ter noção do que se trata. O Google revolucionou o mercado emergente de buscadores ao avaliar as páginas *web* com base na relevância geral do conteúdo. Com isso, emergiu a necessidade de trabalhar estratégias que otimizam o posicionamento de um *site* para mecanismos de busca com base em resultados de buscas (orgânicas) do usuário. Esse complexo conceito de *ranking* se tornou decisivo para a conversão de ambientes *on-line*, que vão desde geração de *leads*, compras *on-line*, agendamentos ou, simplesmente, consultas a conteúdo.

"Você está no Google?". Essa era uma pergunta comum nos anos 2000. Hoje, a resposta é óbvia: para as empresas, não estar no Google é como não existir. Exageros à parte, o que é importante para nossa abordagem é esclarecer que, além do básico de ter um *site* bem-posicionado nos mecanismos de busca, é preciso se certificar de que as ferramentas de análise de *sites* sejam capazes de indicar informações de origem dos usuários da forma mais completa possível, do caminho que ele percorre com detalhes e das taxas de sucesso (ou insucesso) nas conversões para que se possa planejar, com segurança, a estratégia.

Uisitas no *site*

As visitas no *site* mostram quantas pessoas passaram pelo ambiente diariamente e quais páginas elas visitaram, portanto essa métrica contabiliza o alcance do *site*. Deve estar claro que visitas e visitantes são diferentes: uma mesma pessoa pode gerar várias visitas, já que navega em várias páginas.

Visitas únicas

Nesse caso, é considerado o indivíduo. Cada pessoa, independentemente do número de página, é contabilizada como visitante único. Esse dado fornece uma boa noção da interação dos visitantes com o conteúdo, se retornaram ou se estão acessando pela primeira vez.

Tempo gasto no *site*

Essa métrica dá uma visão qualitativa do conteúdo. Se o *site* tem vídeos, textos longos, conteúdos aprofundados, é importante que o usuário gaste mais tempo para consumi-lo. Isso difere do comportamento que se espera de páginas cujo objetivo é direcionar o usuário para outros ambientes. Avaliar o tempo médio das pessoas no *site*, alinhado com a estratégia de cada seção, melhora a experiência do usuário com a marca.

Existem várias outras métricas que podem ser avaliadas com base nas ferramentas de análise, como os dispositivos mais usados pelos usuários para acessar o *site*, taxa de rejeição etc.

Essas métricas também valem para aplicativos ou aplicações *web*. Para eles, devem ser contempladas também as métricas explanadas nas seções subsequentes.

Métricas para aquisição de aplicativos

A ação de baixar um aplicativo exige muito mais esforço do usuário do que acessar um *site*: é preciso, por exemplo, ter espaço disponível no dispositivo para o aplicativo, acesso *web* para o *download* etc. Isso quer dizer que o aplicativo precisa ter bastante valor para que ganhe a atenção (e a tela) no *smartphone* das pessoas.

Como evidenciado no Gráfico 2.2, o Brasil é o quarto país em *downloads* de aplicativos no mundo, segundo a pesquisa *State of Mobile 2020*, da APP Annie; entretanto, estima-se que o uso dos aplicativos baixados não chega a 40%. Isso revela que, depois de conseguir que o usuário faça o *download* do *app*, é necessário estimular a utilização.

capítulo 2

Gráfico 2.2 – Número de *downloads* de aplicativos no mundo

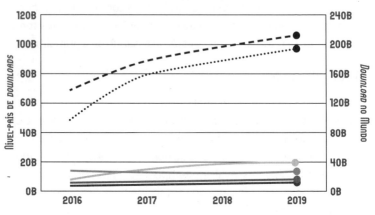

Países no Topo por Downloads na Loja de Apps

Crescimento de 2016 a 2019
- ● Mundo Todo 45%
- ● China 80%
- ● Índia 190%
- ● Estados Unidos 5%
- ● Brasil 40%
- ● Indonésia 70%

Fonte: App Annie, 2021.

A métrica para aquisição mostra não apenas a quantidade de *downloads*, mas também os usuários que acessam e com qual frequência.

Uma informação importante é a origem de cada acesso porque ela pode ajudar a otimizar a estratégia de tráfego no aplicativo.

Métrica de engajamento e retenção no aplicativo

Essa métrica permite avaliar o comportamento do usuário no aplicativo, quanto tempo ele fica, quais seções acessa. Em outras palavras, ela revela se o usuário é fiel e se interage com as funcionalidades ofertadas.

Métricas de distribuição no aplicativo

Esse item envolve uma decisão estratégica sobre sistema operacional e desenvolvimento. Desenvolver para diferentes sistemas operacionais como IOS (Iphone), Android, entre outros, impacta em custo, otimização e usabilidade. Ao avaliar as métricas de distribuição, é possível saber em quais deles o usuário mais acessa o aplicativo e, com isso, priorizar desenvolvimento, funcionalidades e custo para onde está a maior parte dos clientes. Obviamente, o ideal é que o aplicativo funcione bem e com boa experiência em todos os sistemas operacionais.

2.5.5 Métricas de *marketing* de conteúdo

Além de o serviço ou produto ser necessário para o usuário, e a plataforma ser amigável, disponível e esteticamente agradável, é preciso se preocupar com o conteúdo. Criar, publicar e promover conteúdos que levem o usuário à ação é igualmente importante e necessário. Para avaliar se o time de *marketing* está fazendo isso com sucesso, é aconselhável observar algumas métricas valiosas, como as descritas a seguir.

Taxa de conversão

Preencher um cadastro, baixar um *e-book*, testar um produto, assistir a um vídeo demo, todas essas podem ser conversões desejáveis para a estratégia. Na verdade, esses devem ser os principais objetivos da campanha de *marketing*.

O número de conversões significa a taxa de sucesso ao colocar o usuário no ambiente digital. Quanto mais alta, maior o sucesso.

Uma taxa de conversão baixa pode ser explicada por diversos motivos: pode ser problema de usabilidade do *site*, aplicativo, *newsletter*, até problemas com a chamada à ação. É essencial deixar claro para o usuário o que esperamos dele. Os famosos *"call to action"*, ou "chamada para ação" – os tradicionais: **clique, acesse, baixe...**

capítulo 2

O cálculo dessa taxa relaciona o número geral de visitantes e o número de pessoas que tomaram a ação desejada.

Funil de conversão (ou funil de vendas)

Como são várias as ações que levam à conversão, enxergá-las em conjunto e avaliar toda a jornada do usuário em seu ambiente *web* ajuda a ter uma visão ampla da estratégia.

Ao medir a taxa de conversão de cada parte do funil, pode-se identificar gargalos em que estão sendo represadas as vendas e, até mesmo, cliques desnecessários para transformar o usuário em *lead* e este em cliente.

Consideremos como exemplo a estratégia de fazer mídia *on-line* em *sites*. Ao clicar no *banner* (conversão 1), o usuário é levado a assistir ao vídeo-tutorial para conhecer as vantagens do produto (conversão 2), depois deve solicitar um teste gratuito (conversão 3). Cada estímulo em cada fase precisa ser medido e ajustado para alcançar o maior número de conversão possível por usuário.

Métricas de *e-mail marketing* e mensagens

E-mails marketing, ou *newsletters*, passam por constantes períodos de descrédito no mercado da comunicação. Por sua taxa de abertura considerada pequena, muitos acreditam que essa ferramenta de *marketing* digital esteja "prestes a morrer". E isso é profetizado há, pelo menos, dez anos (se você acredita nisso, espere para ouvir a história da startup Superhuman, mais adiante).

Contudo, ter a possibilidade de entrar na caixa postal do usuário pode ser uma enorme vantagem competitiva se as marcas conseguirem tornar relevante esse momento. Uma base de dados (*mailing*) qualificada faz toda a diferença, conhecer o comportamento, o perfil e o gosto do usuário pode transformar um indesejado *spam* em um relacionamento sério e duradouro com o cliente. É muito interessante para o cliente encontrar em sua caixa de entrada uma mensagem que anuncia aquele tênis de corrida que buscou no *site*, agora sendo oferecido sem custo de frete. O contrário disso também é verdadeiro, nada mais irritante que encontrar um produto de academia em promoção se o usuário for um orgulhoso sedentário.

Enfim, conhecer a base de dados passa pela qualificação constante e geração de novos *leads* com frequência (para aumentar a base). Essa atenção vale também para campanhas de envio de mensagens *mobile* (SMS, WhatsApp etc.).
Dito isso, vamos às métricas de *e-mail marketing*.

Taкa de abertura

Essa métrica mostra a quantidade de pessoas da lista que se deram ao trabalho de abrir para ler a mensagem de *e-mail* ou de SMS enviada. Uma dica importante aqui é a atenção especial com o "assunto" – lembremos que esse é o primeiro texto lido pelo usuário e é o que pode atrair a atenção ou fazer o material ser descartado.

Taкa de clique

Já assinalamos que é fundamental um comando que leve o usuário à ação. Essa métrica de taxa de clique mostra a eficiência desse comando pela quantidade de usuários que clicam no botão ou *link* com o "*call to action*" e são direcionados para a *homepage*, o formulário, o aplicativo etc.

Um último tópico ainda merece nossa atenção quando o assunto é mensuração de resultados. Para o *e-commerce*, existem algumas métricas que precisam ser observadas além das já apresentadas. Estas estão detalhadas na sequência.

Ticket médio do usuário

Essa métrica permite aferir o valor que cada cliente gasta, em média, na compra de produtos e serviços do ambiente de venda digital. Acompanhar esse dado permite fazer a projeção da quantidade de clientes necessários para manter, ou aumentar, a operação mensal.

Não existe uma regra ou um valor ideal para o *ticket* médio de cliente, pois depende muito do produto ou do serviço, de sazonalidade, enfim, de vários fatores, porém é possível traçar estratégias para aumentá-lo.

capítulo 2

Importante também é a estratégia de fidelização do cliente que pode levá-lo a aumentar a quantidade de produtos comprados com promoções, combos ou pela compra por impulso.

Existem técnicas para isso chamadas de *cross selling*, quando se oferece um produto ou serviço complementar ao que o cliente já adquiriu, aumentando o valor da venda agregando outro produto ou serviço. Também podemos oferecer um *up selling* – uma versão com melhorias do produto ou serviço adquirido, o que também aumenta o *ticket* médio da compra. Para ambas, o preço deve ser diferenciado criando um atrativo para a venda.

Construindo as próprias métricas

Citamos aqui várias métricas, KPIs que mostram resultados e oferecem subsídios para planejamento, monitoramento e controle. Esses dados dão norte para a estratégia, mas eles devem ser analisados levando-se em consideração o contexto em que o negócio está inserido, o tempo, o momento dos acontecimentos. Crises, fases do ano, tipo de mercado são alguns dos fatores que afetam os resultados e devem ser avaliados para que os números sejam usados com inteligência. A empresa precisa ter uma visão de 360° do negócio, ouvir o cliente e enxergar os sinais que, frequentemente, o mercado emite.

É essencial observar que há alguns KPIs que não se aplicam à dada realidade, verticais específicas, teses etc.; por isso, é preciso encontrar o espaço em que a empresa está e os números adequados para a startup e, dessa forma, certificar-se de não definir KPIs muito complexos ou difíceis de calcular.

Kepler e Oliveira (2019) sugerem utilizar uma metodologia chamada *smart* para auxiliar na construção das próprias métricas. A sigla **smart** vem das palavras *specific* (específico), *measurable* (mensurável), *attainable* (atingível), *relevant* (relevante) e *time-bound* (ter prazo definido).

Na prática, devem ser buscados estes filtros:

> S – Específico: ter um objetivo claro; definir um foco.
> M – Mensurável: acompanhar o progresso e buscar as metas que possam ser medidas.
> A – Atingíveis: ser realista com as metas; o time precisa perceber a possibilidade de alcançá-las.
> R – Relevante: garantir que elas forneçam informações que impactam o negócio e que estejam alinhadas ao planejamento e à cultura organizacional.
> T – Ter prazo definido: estabelecer um prazo para o atingimento das metas.

Em seguida, deve-se envolver toda a estrutura organizacional oferecendo conhecimento, clareza dos objetivos e engajamento para o atingimento dessas metas. É crucial revisitar constantemente as metas, alinhar o conhecimento do time e manter o planejamento em vista. É essencial sempre ter em mente: os dados são ferramentas para alcançar metas.

Em mercados velozes, economias voláteis e sujeitas às transformações promovidas pela tecnologia, é bastante comum ver produtos e serviços se adaptando ao longo de sua existência.

Quanto mais são conhecidos o mercado e o cliente, mais rápido se desenha o negócio ideal. E quando aquela ideia se mostra inviável ou defasada? Quando o produto não passa nos testes do mercado? Alguns desistem, alguns recomeçam do zero. Startups pivotam.

2.6 Pivotagem

Pivotar pode ser entendido como "girar", "fazer girar" (Bueno, 2007). No basquete, o pivô é o jogador que briga pela melhor posição dentro do garrafão, correndo para um lado e para o outro para receber a bola, acertar a cesta e marcar ponto. No automobilismo, o pivô é uma peça que gira em torno do próprio eixo, possibilitando o

capítulo 2

movimento em todos os sentidos. Para uma startup, pivotar pode ser uma estratégia determinante entre morrer ou crescer.

Falamos muito aqui sobre testar, testar e testar. Fizemos menção a metodologias que levam os empreendedores a descobrir rapidamente se o caminho original está correto, construir MVPs para que o mercado dê *feedbacks* e, em muitos casos, todo esse processo resulta em aprendizados que mostram a necessidade de mudar a direção e testar hipóteses, muitas vezes desconhecidas, mas sem perder os aprendizados já conquistados. Outras vezes, o produto ou serviço chegou a seu limite, ou seja, o crescimento já não é viável, impulsionando empreendedores de visão para outros mercados ou modelos de negócios. Essa é a essência de pivotar.

É necessário entender o que está acontecendo no mercado, no produto ou no cliente que está forçando a startup à mudança. É preciso responder a perguntas como: O problema que o produto ou serviço pretendia resolver ainda existe?; O cliente enxergou o valor que o produto ou serviço se propõe a entregar?; Existem entrantes no mercado que ameaçam fortemente o negócio?; O preço/custo é viável para o cliente?.

Perceba que as respostas podem apontar para estratégias diferentes de mudança.

Em 2016, uma matéria da *Revista Exame*, escrita pela jornalista Camila Lam, com o título *9 startups que mudaram de rumo para ter sucesso*, reuniu histórias de gigantes que usaram da estratégia de pivotar, entendendo seus pontos fracos e transformando possíveis fracassos em sucesso e lucratividade (Lam, 2016).

O levantamento teve apoio do ecossistema de inovação brasileiro ali representado pelos investidores da Anjos do Brasil, Abstartups, SEED e Aceleradora, que deram bons exemplos de startups que mostraram, ao longo de sua história, que *timing* e entendimento de mercado andam juntos na estratégia de mudar a direção de seus negócios.

Vale conhecer essas histórias.

O *case* YouTube

Talvez o mais famoso caso de pivotagem de sucesso seja o do YouTube, que começou com um mercado de nicho. Os fundadores Chad Hurley, Steve Chen e Jawed Karim criaram, em 2005, uma plataforma de vídeos para namoro *on-line*. Perceberam que não existia demanda para esse serviço e pivotaram o produto focando no serviço de compartilhamento de vídeos. Deu certo, um ano depois, chamaram tanto a atenção do mercado que o Google comprou a startup por 1,65 bilhão de dólares.

O cliente de "namoro" não enxergou valor na solução criada pelos empreendedores e o YouTube movimentou-se para um novo mercado.

Twitter

A rede social Twitter é outro exemplo bilionário. Criada em 2006 para apoiar a busca por *podcasts*, a startup Odeo percebeu que esse mercado não crescia de acordo com as expectativas, mas a solução poderia se viabilizar com outro objetivo, o do relacionamento. Os empreendedores focaram seus esforços na plataforma que, em 2016, chegou à bolsa de valores de Nova York e levantou 1,82 bilhão de dólares.

PayPal

Em uma época em que os PDAs (*personal digital assistant*; assistentes pessoais digitais em português) iniciavam a transformação *mobile* em curso, o sistema PayPal foi criado como opção de pagamentos via *palmtops*. Seus fundadores perceberam rapidamente que o mercado estava mudando e que as transações *on-line* seriam um importante serviço. Pivotaram para se tornar o serviço de pagamentos *on-line* mais conhecido do mundo. Foram comprados pelo eBay por 1,5 bilhão de dólares em 2002.

Uma figura importante e, muitas vezes, determinante para esse momento da startup é a do **mentor**. Ele pode ser o investidor, o membro do conselho, outro empreendedor, um consultor, uma instituição de apoio, enfim, ele pode estar em diversas posições no ecossistema de inovação. A presença do mentor com um olhar externo e com experiência de mercado pode ajudar muito na tomada de decisões e na orientação dos caminhos a seguir. Deve estar claro que **pivotar não significa desistir**. Ao desistir de um produto ou serviço, a startup pode recomeçar e criar outro que tenha sucesso, mas, nesse caso, levando consigo a experiência empreendedora (que já é bastante). Ao pivotar, o empreendedor redireciona, além da experiência, os ativos construídos até o momento e os reaproveita na nova estratégia, o que coloca o novo caminho mais próximo do sucesso.

2.7 Ajuste do modelo ao time

"Os analfabetos deste século não são aqueles que não sabem ler ou escrever. Mas os incapazes de aprender, desaprender e aprender de novo". (Alvin Toffler)

A velocidade das mudanças exige das instituições e das pessoas a capacidade de se adaptar constantemente. Ajustar os modelos de negócios ao mercado requer um time motivado, integrado e conhecedor da cultura organizacional da empresa.

No livro *O novo código da cultura: vida ou morte na era exponencial*, Sandro Magaldi e José Salibi Neto (2018) versam sobre o paradoxo da tecnologia que molda comportamentos e pessoas que conduzem as mudanças tecnológicas. Os autores reforçam o valor que a cultura organizacional tem na construção de empresas sólidas e como é difícil tornar perceptível a cultura no dia a dia das organizações.

Como manter o controle e o propósito claros em empresas que crescem 20%, 50% ou 100% ao ano?

Tentadas por ambientes descontraídos em que mesas de jogos, cerveja gelada e "liberdade" dividem a atenção dos colaboradores com KPIs e satisfação de clientes, muitas startups perdem mais tempo valorizando artefatos do que enraizando normas e valores corporativos.

Magaldi e Salibi Neto (2018) apresentam oito estilos de cultura organizacional que ajudam empreendedores a ajustar a empresa ao time. São eles:

1. acolhimento;
2. propósito;
3. aprendizado;
4. prazer;
5. resultado;
6. autoridade;
7. segurança;
8. ordem.

Magaldi e Salibi Neto (2018) explicam que essa classificação faz parte de um estudo da *Harvard Business Review* (fevereiro de 2018) que relaciona a cultura organizacional aos termos flexibilidade, estabilidade e independência, com a interdependência orientando o entendimento de como as pessoas interagem com a cultura e como respondem a mudanças.

A cultura da empresa é uma vantagem competitiva e se reflete na clareza com que os líderes expressam seu propósito, como se mantêm fiéis aos modelos e conduzem seus times a acompanhar a empresa no processo de construção do negócio.

O papel do líder nesse processo é fundamental na condição de alta direção; afinal, a liderança é a disseminadora da cultura e deve mantê-la viva e no centro das decisões diárias da empresa tanto para o time – em todos os níveis hierárquicos – quanto para os diversos *stakeholders*.

É claro que, no início, a cultura da startup está ligada ao que pensam seus fundadores, mas, com o passar do tempo e o crescimento, vem a necessidade de estabelecer rotinas que assegurem a manutenção da cultura

capítulo 2

Talvez o maior exemplo da atualidade que ilustra o profundo respeito e comprometimento com a cultura vem de Jeff Bezos, fundador da Amazon. A startup passou de 20 mil funcionários em 2008 para 840 mil atualmente. Somente em 2020, contratou 100 mil profissionais para atender à alta demanda gerada pela pandemia da Covid-19.

Em suas cartas aos acionistas, Bezos sempre deixa explícita a força da cultura como algo que é construído e reforçado ao longo do tempo pelas pessoas e pelos eventos. Bezos, com frequência, também direciona cartas, discursos e postagens aos colaboradores da Amazon, os quais inspira com sua visão de que todos os dias devem ser vistos com o primeiro dia da companhia. O mesmo entusiasmo, a mesma dedicação e a mesma obsessão pelo cliente devem ser empregados dia após dia na mesma intensidade. Isso é tão forte na Amazon que um dos prédios principais do complexo, na cidade de Seattle, Washington, é chamado Day 1, reforçando a mensagem constantemente.

O aprendizado permanente é uma necessidade de nosso tempo, mas não apenas um aprendizado. "Desaprender" significa deixar a mente aberta, desapegar de conceitos pré-concebidos, certezas ligadas a uma realidade que pode já não existir. À medida que o número de colaboradores cresce, novos líderes se juntam ao time, e os modelos de negócio devem ficar simples e adaptáveis para que sejam viáveis sem a presença da alta direção.

Novamente, aqui, vale reforçar o principal ativo de qualquer negócio, pequeno ou grande: as **pessoas**. Atualmente, um dos maiores desafios das startups reside na contratação, na manutenção e na expansão dos times. Além dos currículos e da vida acadêmica, há um gargalo no mercado por profissionais com habilidades comportamentais que têm se sobressaído às técnicas na hora da contratação.

O Fórum Econômico Mundial publicou, em 2020, o relatório *Jobs of Tomorrow: Mapping Opportunity in the New Economy* (Empregos do futuro: mapeando oportunidades da nova economia), que indica que 35% das habilidades que, atualmente, são consideradas essenciais vão mudar nos próximos cinco anos (World Economic Forum, 2020).

O estudo identifica os sete principais grupos profissionais com perspectivas emergentes no futuro do trabalho:

1. dados e inteligência artificial;
2. economia do cuidado;
3. economia verde;
4. engenharia e nuvem;
5. informática;
6. pessoas e cultura;
7. desenvolvimento de produtos.

Esses profissionais, somados aos já estabelecidos e ainda promissores grupos de vendas, *marketing* e conteúdo, têm potencial de gerar mais de 6 milhões de empregos até 2022.

A disputa homem *versus* máquina no mercado de trabalho deve ser abordada pelo viés tradicional *versus* tecnológico. Muitos negócios convencionais morrem diante do advento da tecnologia e, no outro extremo, há um mercado com oportunidades de emprego sem profissionais qualificados para preencher as vagas.

Aqui não estamos nos referindo apenas à qualificação de base tecnológica. As sete profissões do futuro descritas no relatório e suas correspondentes necessidades de habilidades mostram a diversidade de oportunidades no mercado de trabalho e oferecem chances para empregos tanto de alta quanto de baixa qualificação.

Apesar da ênfase em habilidades tecnológicas disruptivas, o relatório mostra os diversos conjuntos de habilidades em demanda no futuro (World Economic Forum, 2020). Habilidades tecnológicas disruptivas, como dados, habilidades científicas e de inteligência artificial, certamente, serão críticas para o futuro do trabalho. Mas percebemos também que cuidado *(care giving)*, liderança e capacidade de dividir aprendizado e desenvolvimento são igualmente valorizadas. Em outras palavras, a transição para o novo mundo do trabalho será centrada tanto em humanos quanto em tecnologia.

capitulo 2

O Fórum Econômico Mundial (World Economic Forum, 2020) ainda apresenta a lista de dez habilidades desejadas pelo mercado de trabalho:

1. resolução de problemas complexos;
2. pensamento crítico;
3. criatividade;
4. gestão de pessoas;
5. coordenação;
6. inteligência emocional;
7. capacidade de julgamento e de tomada de decisões;
8. orientação para servir;
9. negociação;
10. flexibilidade cognitiva.

Diante de tal cenário, há um grande desafio de estruturar times que agreguem diferentes perfis comportamentais e técnicos. Essa complexidade tem colocado em evidência a área de recursos humanos também para as startups. Os profissionais dessa área devem estar muito alinhados com o planejamento e a cultura organizacional da empresa e ter clareza das necessidades e oportunidades que cada posição aberta trará tanto para o gestor quanto para o time e a empresa como um todo.

Marcelo de Freitas Nóbrega, ex-diretor de RH da Arcos Dorados – operadora da marca McDonald´s no Brasil – aborda em seu livro *Você está contratado!* (2018) a importância do desenvolvimento de *softskills* (competência sociais e emocionais) pelos profissionais, e a visão do departamento de RH na hora da seleção.

Nóbrega (2018) indica o modelo *star* como um eficiente processo para a contratação, usado pela maioria das grandes empresas. *Star*, da sigla em inglês *situation* (situação), *task* (tarefa), *action* (ação) e *results* (resultados), abre a oportunidade de o candidato mostrar suas habilidades contando histórias sobre suas experiências anteriores e de o profissional de recursos humanos avaliar comportamentos e o que está intrínseco neles: a aderência do perfil à cultura.

Ao começar um negócio, é natural que os times pequenos acumulem várias funções. Isso deve ir mudando à medida que a empresa cresce e o nível de trabalho e exigência de cada área aumenta e se torna mais específico. Nesse ponto, é importante ter a ideia de um organograma organizacional definindo áreas-chave que precisam de líderes e os cargos e profissionais que precisam estar abaixo delas. Mesmo que ainda de forma hipotética, é importante desenhar um quadro de pessoal especificando cargos e salários. Isso dará clareza para a gestão administrativa e para a gestão financeira do negócio. Além disso, é altamente recomendável observar e conhecer a legislação trabalhista que influencia, diretamente, o planejamento contábil, financeiro e administrativo.

Para a área de recursos humanos, também existem indicadores importantes a serem observados, como o *turnover* (a rotatividade de pessoal), o absenteísmo (número de faltas no trabalho) e o impacto da folha de funcionários no caixa da empresa.

Kepler e Oliveira (2019) indicam a utilização de ferramentas de *assessment* (análises de perfil), que ajudam no estabelecimento de métricas para selecionar e recrutar, além de avaliação de desempenho, clima organizacional e planos de carreira.

O fato é que a tecnologia também tem transformado a área de recursos humanos e, cada vez mais, o gestor vê valor no uso da tecnologia em favor dos processos de contratação e retenção dos times.

A utilização do termo *design*, como já aludimos, extrapolou as áreas criativas e entrou fortemente nas áreas de gestão. Assim, o *design thinking* remodelou o pensamento de negócios e ampliou as fronteiras para a multidisciplinaridade.

Existe ainda outro termo que vem sendo muito utilizado no ambiente corporativo ligado à gestão de pessoas, o *design* organizacional, que utiliza conceitos do *design thinking* para a área de recursos humanos. O termo valoriza a visão de gerenciamento de pessoas aliada à tecnologia.

Marco Ornellas, escritor do livro *DesigneRHs para um novo mundo: como transformar o RH em designer organizacional* (2017), reforça a ideia que o novo cenário da sociedade, das mudanças comportamentais e dos negócios exige dos gestores **a reinvenção, e não a adaptação**. As organizações estão à beira de um colapso e as novas

capítulo 2

gerações não querem trabalhar em empresas que não ofereçam um ambiente adequado a essa mudança de comportamento.

Nessa visão, a área de recursos humanos pode sustentar esses processos liderando as mudanças dentro das organizações. O *design* organizacional oferece um novo olhar para o organograma do time avaliando as funções, valorizando perfis e propondo uma arquitetura de aprendizagem constante e cocriação de soluções.

Ornellas (2017) indica que o profissional de RH deve olhar para sua carreira aberto a três dimensões: 1) desapegar, 2) doar e 3) descobrir.

A nova visão organizacional adota um formato que possibilita o livre fluxo de pessoas, dando autonomia para executar tarefas e transparência nas relações pessoais. Assim como o *design thinking*, o *design* organizacional não se baseia em um método fechado de implementação. A tomada de consciência é o primeiro passo, enxergando os gargalos deixados pelas antigas estratégias e engajando toda a empresa com a nova visão. A possibilidade de contestar medidas automáticas abre o horizonte para o processo de melhoria continuada.

Outro modelo muito utilizado por startups são os *squads*. Do inglês, "pelotão" ou "esquadra", os *squads* são formados por equipes multidisciplinares, com profissionais com habilidades complementares, que trabalham de forma otimizada. Esse modelo organizacional é muito utilizado para gerir projetos específicos pela agilidade e eficiência que apresenta. As características principais são a autonomia do time para tomar decisões, o contato direto com diferentes *stakeholders* e a mobilidade estrutural.

Em muitas empresas, a criação de *squads* para determinado projeto ajuda na escalabilidade e na agilidade, no lugar do modelo tradicional, em que cada setor trabalha em uma parte da solução.

O maior desafio desse modelo é a falta de hierarquia, todos os envolvidos estão no mesmo nível hierárquico e a equipe se auto-organiza. A figura do gerente de projetos é a de um interlocutor, mas não de um líder nesse caso. Apesar disso, o time precisa estar alinhado com os objetivos gerais da empresa e com a cultura. Alinhamento promove autonomia. Talvez, este seja o ponto principal: o nível de confiança entre os membros é chave para o êxito do processo.

Camilo Martins (2018), do time Ace Startups, elenca alguns pontos fundamentais para o sucesso dos *squads:*

1. O perfil da equipe é um diferencial, os envolvidos devem ser intraempreendedores e devem estar 100% focados no projeto para que a inovação aconteça.
2. Por serem equipes reunidas em torno de um projeto específico, a instabilidade pode gerar insegurança. O time precisa ter segurança psicológica para operar sem medo de errar.
3. O uso de metodologias ágeis é fundamental e a transparência das informações é obrigatória.
4. As metas de entregas e prazos devem ser muito bem-definidas e entendidas por todo o time.
5. O *squad* precisa ter um "patrocinador" dentro da empresa, que resolva e oriente em questões estratégicas.
6. Os *squads* funcionam muito melhor na incerteza. A empresa precisa entender que erros acontecerão durante o processo e fazem parte da jornada.
7. Não há inovação sem investimento. O time precisa ter um *budget* definido e autonomia para utilizá-lo.
8. A meta é mais importante do que o caminho.
9. O resultado vem com o tempo, ser ágil é diferente de ser rápido.

Gigantes como Spotify e Google são exemplos globais de utilização de *squads. O* Spotify, inclusive, conduziu muitas startups na adoção desse modelo depois que o renomado *coach* de *agile* Henrik Kniberg publicou o artigo (e um vídeo) *Scaling Agile @ Spotify with Tribes, Squads, Chapters & Guilds* (Kniberg; Ivarsson, 2012) detalhando o funcionamento da estrutura interna da empresa, que é dividida em *squads, chapters, tribes e guilds.*

Kniberg e Ivarsson (2012) recomendam que a estrutura de um *squad* seja enxuta, com poucas pessoas, e que a estrutura do escritório esteja adequada para que esse time trabalhe de forma multidisciplinar, com autonomia e motivação.

"Todos os escritórios da empresa Spotify são otimizados para atender a necessidade dos Squads, focando na colaboração, onde todos os membros de um determinado Squad trabalham juntos, com mesas ajustáveis e com fácil acesso a tela uns dos outros" (Vargas, 2018).

Um mesmo produto ou áreas relacionadas podem manter grupos de *squads*, sendo necessário que esses grupos sejam organizados em estruturas. Essas estruturas de equipes com várias *squads* são chamadas de *tribes* (tribos). As tribos, comumente, trabalham próximas, pois precisam estar em maior conexão, e se reúnem com frequência para compartilhar conhecimento.

No Spotify, as tribos abrigam, no máximo, 100 colaboradores para manter o relacionamento e a informalidade.

Chapters e guilds

Como os times trabalham com total autonomia, o conhecimento adquirido em um grupo tende a não ser compartilhado com outros grupos. Imagine o caso de um analista estar preso em um problema específico e descobrir, muito tempo depois, que o analista ligado a outro projeto passou pelo mesmo problema e encontrou a solução semanas antes. Para evitar situações como essa e fazer o conhecimento adquirido ser compartilhado com toda a organização, o Spotify criou um conceito chamado *chapter* (divisão). *Squad* é a dimensão primária focada na entrega do produto e qualidade, ao passo que *chapter* é uma área de competência.

Frequentemente, cada divisão se reúne para discutir temas relacionados a sua área, suas rotinas e desafios. Esse grupo compartilha aprendizados e falhas e trabalha para a melhoria contínua e coletiva do segmento. Os *chapters* são grandes apoiadores para que a empresa escale, dando maior rentabilidade e incrementando produtos e serviços.

Existe outro grupo, chamado *guild* (associação), com o qual a comunidade com o mesmo interesse pode trocar conhecimentos compartilhando ferramentas e códigos e discutindo assuntos práticos do dia a dia.

Um *guild* é uma comunidade que se reúne por interesses comuns, na qual colaboradores de toda a empresa e nível hierárquico se reúnem e compartilham conhecimento em uma área específica.

Figura 2.4 – Squad, tribe, chapter e guild

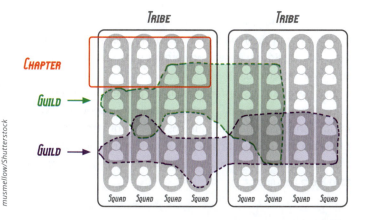

Fonte: Kniberg; Ivarsson, 2012, p. 10.

O modelo de organização de equipes baseado em *squads* foi desenvolvido para equipes de produto/*software*. A aplicação para outras áreas, como *marketing*, administração e finanças, não é usual. De qualquer forma, a visão de criar um ambiente que valorize a cultura organizacional, a integração dos setores e incentive a criatividade tem estado na pauta da alta gestão.

O momento da contratação é a primeira oportunidade de explicar o modelo da empresa. Para tanto, é importante ter um processo estabelecido para receber o novo colaborador. Muitas startups chamam esse processo de *onboarding* e startups de sucesso fazem isso de forma eficiente e séria. Esse processo ajuda os novos colaboradores a entenderem rapidamente rotinas, regras e comportamentos, bem como revela aos veteranos o papel dos novos integrantes no time.

Outra prática desejável é manter uma rotina de *feedbacks* com os funcionários, seja com o gestor direto, seja com o RH, ou até com o executivo principal da empresa. O processo de alinhamento de expectativas direciona o colaborador para melhores entregas e auxilia o gestor a encontrar oportunidades ou ruídos no funcionamento da estratégia de formação do time.

capítulo 2

Tão importante quanto contratar bons colaboradores é retê-los. Talentos na área de programação, por exemplo, têm sido disputados pelo mercado de empresas de base tecnológica por existir mais demanda por profissionais e muitas vagas abertas. Citando, novamente, o *case* Spotify e seu foco em motivar seus colaboradores, vamos a um exemplo.

Uma pesquisa de satisfação realizada pela empresa perguntava aos colaboradores se gostavam de trabalhar no Spotify. Noventa e um por cento responderam que gostavam e quatro por cento responderam que não gostavam. Um *e-mail* foi enviado para toda a companhia para divulgar o resultado. No texto, o líder de operações escreveu o seguinte:

"Olá, todos.
Nossa pesquisa de satisfação dos funcionários mostrou que 91% gostam de trabalhar aqui e 4% não gostam."

Importante contextualizar que, de 2006 a 2013, o Spotify dobrou de tamanho a cada ano e, em 2013, ano da pesquisa, contava com 1.200 pessoas em mais de 30 países.

E o *e-mail* continua:

"Isto claramente é insatisfatório, e nós queremos melhorar. Se você é um dos 4% que estão descontentes, por favor, entre em contato conosco. Nós estamos aqui para o seu bem, e nada mais."

Em todo o planejamento, o cliente é colocado em primeiro lugar e isso está correto. No entanto, está comprovado também que quanto melhor e mais satisfeito o funcionário estiver, mais satisfeito o cliente estará.

O Nubank – *fintech* e unicórnio brasileiro – é exemplo de como incutir a cultura no time. Além de toda a sua estrutura organizacional alinhada com as metodologias que citamos aqui, a *fintech* demonstra a cultura forte dos colaboradores alinhada com a empresa, inclusive, batizando seus times com nomes cheios de significado, como

Xpeers – como é chamado o atendimento ao cliente no Nubank. Essa estratégia é parte da construção da identidade do time, onde o X significa "experiência" e *peer* significa "parceiro", em inglês. Além disso, a preocupação com diversidade é forte na composição da equipe, sendo contratadas pessoas de várias idades e formações (de engenharia, turismo, letras, farmácia etc.), oriundas de todas as regiões do país e com diferentes identidades de gênero e orientações sexuais.

Então, não estranhe quando ouvir alguns fundadores de startups valiosas dizendo a frase: "o cliente em segundo lugar". Certamente, eles têm a visão de que, colocando seus colaboradores em primeiro lugar, os consumidores estarão bem-atendidos e satisfeitos.

Por essa razão, é preciso expressar a cultura claramente, envolver os colaboradores, motivar os times, reconhecer virtudes, dar *feedback*. É essencial cuidar das pessoas, porque elas são o bem mais valioso do negócio.

2.8 Planejamento e definição de metas para o *product/market fit* (PMF)

O produto faz sentido para o mercado? Ele resolve uma dor? Essas perguntas relacionam-se ao conceito do *product/market fit* (PMF), que consiste no modo como o produto ou o serviço se ajusta ao mercado. O termo foi empregado, pela primeira vez, por Marc Andreessen, co-fundador da Netscape. Dono também de empresas como Ning e Silicon Valley Venture Capital, Andreessen percebeu a necessidade de adaptar o produto ao mercado.

Reiteramos ao longo desta obra que o entendimento do mercado é determinante para a elaboração do planejamento do negócio. Os testes, os *feedbacks* e as pesquisas com o consumidor moldam o produto ou serviço até o ponto em que o usuário enxerga seu valor. Esse valor revela não apenas em que medida o produto ou serviço resolve um problema, uma dor do consumidor, mas também

capítulo 2

o quanto o mercado está disposto a pagar para adquiri-lo. Nesse ponto, entra o conceito de *product/market fit* (PMF) – na tradução livre, uma regulação de mercado para o produto.

Em *The Four Steps to the Epiphany* (Os quatro passos para uma epifania, em português), Steve Blank (2006) explica que o PMF está entre a validação do consumidor e a criação do consumo. No livro, Blank posiciona, no passo dois, **validação do cliente**, uma trilha de vendas que possibilite a escalabilidade e a recorrência. Os times de vendas e de *marketing* conseguem definir, por essa trilha, um processo efetivo de venda que poderá ser replicado para todos os outros clientes. Essa definição mostra não apenas o tipo do cliente, mas também o tipo de mercado mais alinhado para o produto ou serviço. O mercado que melhor se encaixa ao produto, ou serviço, testa sua percepção, estabelece a estratégia de preço e a estratégia de canais, enfim, comprova seu modelo de negócio.

2.8.1 Modelos de processos para alcançar o PMF

As metodologias ágeis são ótimos caminhos para se chegar a um resultado rápido e seguro. O *lean startup* e o MVP possibilitam que o mercado e o consumidor sejam ouvidos e suas recomendações sejam absorvidas pelo time de desenvolvimento, com a melhoria e o redirecionamento constante do produto ou serviço.

É muito comum (mais comum do que se costuma admitir) empreendedores se enganarem com uma ou duas vendas bem-sucedidas ou *feedbacks* positivos de um nicho de consumidores e acreditarem ter alcançado o PMF do seu negócio. No processo para alcançá-lo, provavelmente, é preciso investir, pelo menos, uns seis meses de trabalho incansável e consistente entre tentativas/erros e muito aprendizado. É essencial lembrar que a jornada consiste em construir, mensurar e aprender.

Um passo a passo básico a ser seguido contém as seguintes ações:

- construir um experimento;
- definir KPIs;
- testar com clientes reais;
- mensurar o resultado;
- implementar melhorias e repitir o processo.

O ponto fundamental é encontrar o cliente real, aquele que irá comprar, de fato, o produto. Afinal, ao definir os nichos de negócios que se supõe os ideais, é imprescindível ficar atento aos números. Não é aconselhável investir todas as fichas e recursos em nichos incertos. Por isso, é interessante fazer testes em diferentes verticais. Nesse ponto, existem algumas armadilhas.

No período de teste, muitos clientes podem achar o produto incrível – eles realmente queriam ter um produto como aquele, mas, na prática, o produto pode não resolver um problema forte o suficiente para que ele faça compras recorrentes. Isso pode nublar a percepção de mercado.

Não basta o cliente adorar o produto, ele precisa ver valor nesse item na prática. Precisa usar durante o teste e, depois, a necessidade de usá-lo tem de se renovar. Nessa equação de prototipar–testar–mensurar, paciência, resiliência e perseverança são fundamentais para encontrar o PMF.

Depois de encontrá-lo, é hora de tracionar.

2.8.2 Estruturação para o crescimento do PMF

Depois de delimitar, testar e entender o tipo de venda para o tipo de mercado e cliente ideais para o produto ou serviço, a ideia é mostrar a esse mercado e cliente, de forma ampla, que a empresa oferece algo que lhe interessa. Depois de validar o cliente, o importante é usar as lições aprendidas para encontrar outros clientes com o mesmo perfil, agora conhecido, e mostrar o valor do que se está fornecendo.

Nesse momento, entram os investimentos em *marketing* e propaganda, mas existem diversas variáveis que interferem na estratégia de comunicação que a startup precisa.

Algumas startups estão entrando em mercados altamente competitivos, tendo como concorrentes gigantes de um segmento. Outras encontraram um mercado totalmente novo e outras, ainda, um nicho de atuação. Se, em um mercado consolidado, é conveniente estar ao lado dos líderes na visibilidade do cliente, em um segmento totalmente novo, primeiramente é preciso explicar ao cliente que ele necessita do produto ou serviço oferecido, para, depois, investir na marca.

Essa é a essência da **criação do cliente**, o terceiro passo apresentado por Blank.

Ressaltamos que, quanto mais *fit* o produto tiver com o mercado, mais fácil será o processo de venda.

Kepler e Oliveira (2019) dizem que quanto mais cedo a startup descobrir seu PMF, melhor, principalmente para evitar gastos desnecessários de tempo e de recursos.

2.8.3 Experimentos, métricas e dados do PMF

Na seção sobre métricas essenciais para o negócio, tratamos da importância de conhecer o mercado total, o mercado possível e o mercado-alvo. Muito valorizados pelos investidores, o TAM, o SAM e o SOM dão suporte à startup na definição de seu PMF.

Já explicamos que TAM significa *total addressable market*, uma análise quantitativa do público, que pode ser calculada de duas formas. Uma delas é o *top-down* (de cima para baixo), na qual são produzidos pesquisas e relatórios setoriais e econômicos. As informações não dizem respeito ao negócio, mas ao segmento em que ele está inserido de forma mais genérica e reúne informações sobre o tamanho do mercado. A outra forma é o oposto, o *bottom-up* (de baixo para cima), que considera os números do negócio com base nas vendas já realizadas que, como já apontamos, mostram o *ticket médio* do cliente, a recorrência da compra etc. É importante, em qualquer um dos casos, traçar o perfil do melhor consumidor e, com isso, procurar perfis semelhantes no mercado.

Assim como o MTD e o mercado-alvo são recortes do MTP, o SAM e o SOM são fatias do TAM.

A precificação é um fator importante no entendimento do PMF. O valor do produto ou serviço vai muito além de seu preço de fabricação (já falamos aqui de formação de preço). Mas o que queremos abordar aqui é o **valor percebido pelo cliente**. Se o produto é visto como necessário pelo consumidor, mas o preço está sendo mal-recebido no mercado, é difícil chegar a um equilíbrio no PMF.

Já informamos que é preciso começar a buscar o PMF o mais cedo possível, depois, é imperioso verificar se ele foi alcançado.

Para falar em processos, estruturação, métricas e dados, vamos detalhar a história da startup Superhuman, que, em 2015, entrou no mercado para brigar com o Gmail na experiência de *e-mail* mais rápida do mundo. Sim, trata-se de uma startup que criou uma plataforma de envio de *e-mail*, lançando-se como concorrente do Gmail.

Parece loucura, mas é só ouvir uma das muitas entrevistas cedidas pelo fundador Rahul Vohra para entender seu propósito de criar uma ferramenta que promete "limpar" a caixa de *e-mails* corporativos. Na Superhuman, usuários acessam seus *e-mails* duas vezes mais rápido do que no Gmail e o mais interessante: pagam por isso mensalmente (Creator Lab, 2019).

A startup é focada no público corporativo, empresários que gastam, em média, três horas por dia lendo *e-mails*. Considerada uma das principais startups do Vale do Silício, a Superhuman foi avaliada, em 2019, em 260 milhões de dólares e mantém uma fila de espera para novos clientes de mais de 150 mil pessoas.

E o que o *e-mail* tem a ver com o PMF?

A trajetória de Rahul Vohra para encontrar o PMF da Superhuman é considerada um *case* e ele tem se empenhado em difundir seu método para outras startups. Diferentemente da maioria das startups do Vale do Silício, que colocam seu produto no mercado rapidamente, a Superhuman passou alguns anos formatando seu modelo de negócio e seu produto. Depois de passar por todas as etapas, Vohra percebeu que o número de clientes não estava crescendo

capitulo 2

satisfatoriamente, o mercado não estava respondendo ao produto como o desejável, quer dizer, ele percebeu que não tinha encontrado o PMF (Vohra, 2019).

Para resolver o problema, Vohra se aprofundou nos estudos do conceito de *product/market fit*, o que lhe parecia um tanto intangível. Ele buscava indicadores que o ajudassem a mostrar a seu time onde estava o problema (Vohra, 2019). Sua fixação em buscar uma métrica palpável para medir o PMF o levou até Sean Ellis, criador do termo *growth hacker* (Ellis; Brown, 2018).

A tradução literal do termo *growth*, para o português, é crescimento e de *hack* é brecha, entretanto não é o suficiente para entender o termo. A ideia do *growth hacker* é explorar situações que levem ao crescimento. Realizar *marketing* orientado a experimentos (discorreremos sobre isso mais adiante).

Depois de examinar centenas de startups no Vale do Silício, Ellis inverteu a lógica de buscar o quanto o cliente gosta de seu produto e fez a seguinte pergunta:

> Como você se sentiria se não pudesse mais usar o produto?

O resultado criou a regra dos 40%. Se, pelo menos, 40% dos clientes pesquisados indicarem que ficariam "muito decepcionados" se não pudessem mais usar um produto ou serviço específico, o PMF está adequado e a chance de sucesso é alta (Ellis; Morgan, 2018).

Com essa regra, Vohra iniciou a pesquisa com seus clientes, que, na época, eram cerca de 200; entretanto, ele indica que uma pesquisa com, no mínimo, 40 entrevistas já se torna válida (Vohra, 2019). Quatro perguntas foram enviadas:

> 1. Como você se sentiria se não pudesse mais usar o Superhuman?
>   a. Muito decepcionado
>   b. Um pouco decepcionado
>   c. Não decepcionado
> 2. Que tipo de pessoa você acha que mais se beneficiaria com o Superhuman?
> 3. Qual é o principal benefício que você recebe do Superhuman?
> 4. Como podemos melhorar o Superhuman para você? (Vohra, 2019).

O resultado revelou o que Vohra já suspeitava. Apenas 22% dos respondentes indicaram que ficariam "muito decepcionados" se não pudessem mais usar a plataforma; 25% indicaram que não ficariam decepcionados e 52% apontaram que ficariam um pouco decepcionados. O percentual de 22% estava longe da regra dos 40% de Ellis (Vohra, 2019).

Ao contrário do que poderíamos imaginar, Vohra (2019) conta que o resultado o deixou motivado, ele tinha encontrado dados concretos para orientar seu time para o processo de melhoria do produto. E o mais importante: tinha achado um caminho para delimitar seu público-alvo e encontrar o melhor consumidor para seu produto.

Com isso, ele listou quatro componentes de ajuste do PMF:

1. **Segmentar e entender os clientes de alto valor**

   Ao analisar o perfil dos 22% que responderam que se sentiriam frustrados pela falta do produto, a Superhuman definiu uma persona – um cliente hipotético, com atributos muito próximos da realidade e que seria um cliente ideal para o produto. Descobriram sua área de atuação e separaram ali os cargos mais altos, pois eram seu principal interesse.

   Com esse recorte, eles se aprofundaram para entender de que modo esses clientes responderam às perguntas seguintes e, com isso, desenharam um cenário completo com dados sobre os atributos mais desejados do produto e *insights* de melhoria.

2. **Analisar *feedbacks***

   Avaliar os usuários que ficariam muito decepcionados e entender quais os atributos mais importavam a eles indicava o valor que a plataforma tinha para os clientes corretos. Sinalizava também como a Superhuman poderia buscar, nos clientes menos entusiasmados (que declararam que ficariam um pouco decepcionados), um fato comum que poderia aumentar sua base de clientes. Com isso, a equipe extraiu mais dados relevantes e mais atributos do produto que eram importantes em escalas menores.

capítulo 2

3. **Criar um *roadmap* com foco no que os usuários mais valorizam e endereçar esforços para aspectos com potencial de tornar os usuários fãs do produto**

   Com isso, várias funcionalidades foram classificadas como mais ou menos importantes, o que levou a equipe a uma lista de melhorias a serem implementadas, considerando o esforço e o custo dessa implementação.

4. **Repetir o processo para que a pontuação de ajuste do PMF seja a métrica mais importante**

   Ao chegar aos 40% e encontrar o perfil do produto e do consumidor ideal para o mercado, essa se tornou a métrica mais importante para a Superhuman. A mensuração passou a ser constante e os processos de melhoria e mensuração cada vez mais orientados ao cliente que indicava a resposta "muito decepcionado" na pesquisa.

O resultado do ajuste foi que, em 2018, o número era 33% e, em 2019, 58% dos clientes respondiam "muito decepcionados" na pesquisa. Vohra (2019) ainda indica aos investidores que tenham calma ao pressionar startups em fase de ajuste do PMF ao crescimento rápido. Na maioria das vezes, esse ajuste requer tempo e calma.

Vohra (2019) aconselha aos fundadores de startups que, concluído o processo descrito, é hora de acelerar e crescer rapidamente.

Além da regra dos 40%, outras métricas que já abordamos neste livro ajudam o empreendedor a adequar o PMF. Basicamente, são retiradas do *analytics* do *site* e podem identificar a percepção do usuário pelas interações. São elas:

1. taxa de rejeição;
2. tempo gasto no *site*;
3. número de páginas por visita;
4. número de visitantes recorrentes;
5. visitas únicas.

Apesar de muito importante, apenas o ajuste do PMF não é suficiente para o sucesso do produto ou serviço no mercado; muito menos para definir se uma startup terá sucesso e ganhará escala. O PMF é parte do processo.

Precisamos considerar o estágio de PMF como o primeiro e a base para o crescimento da startup: quanto mais sólido ele estiver, melhor serão os próximos estágios.

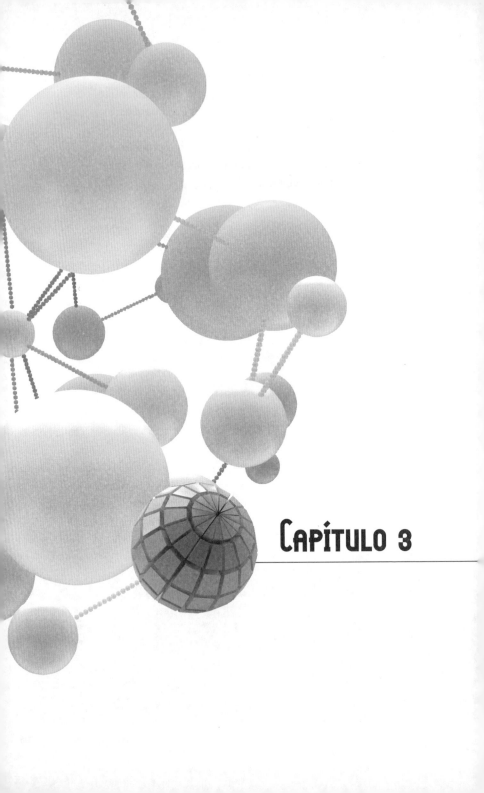

Capítulo 3

Efeitos da legislação nos caminhos da inovação

O trecho a seguir, extraído de uma matéria de Rodrigo Trindade, publicada no portal UOL, é um exemplo de como o uso de dados pode ter enorme influência nas vidas humanas, gerar consequência para um consumidor, para um cidadão e até para um país:

> *23 milhões de pessoas tiveram seus direitos de viagem revogados na China por conta do sistema de crédito social implementado pelo governo. O relatório divulgado pelo Centro de Informação do Crédito Público Nacional, órgão do governo responsável por esse controle, não poupa palavras para comemorar a eficácia do sistema. No texto, o governo afirma que a ideia da plataforma de crédito social é "permitir que as pessoas confiáveis andem livremente por aí, enquanto os desacreditados terão dificuldade em dar um passo sequer".* (Trindade, 2019)

Em 2018, o escândalo envolvendo o uso indevido de dados pela empresa Cambridge Analytica – ligada ao Facebook – fez seu valor encolher 35 bilhões de dólares na bolsa de valores de tecnologia dos Estados Unidos. Todo o noticiário passou meses mostrando como o usuário da rede social tinha seus dados utilizados sem permissão, era alvo de *fake news* e de manipulação política em todo o mundo.

> *O Facebook sofreu um forte abalo no último sábado com a revelação de que as informações de mais de 50 milhões de pessoas foram utilizadas sem o consentimento delas pela empresa britânica Cambridge Analytica para fazer propaganda política.* (BBC, 2018)

O caso levou o CEO do Facebook, Mark Zuckerberg, a depor diante de um comitê legislativo nos Estados Unidos. A Cambridge Analytica declarou falência e, em 2019, se declarou culpada por descumprir uma ordem do regulador britânico encarregado da proteção de dados (*information commissionner's office*, ICO). O caso é tratado no documentário *Privacidade hackeada* (Netflix, 2019).

A tecnologia 5G trará uma nova revolução na sociedade. Máquinas conectadas compartilharão informações entre si, *drones* farão entregas, carros autônomos transitarão nas cidades e muitos de nossos comportamentos digitais moldarão os produtos e serviços disponibilizados. Atualmente, essa tecnologia pode ser utilizada apenas

capítulo 3

em algumas localidades nos Estados Unidos e na Coreia do Sul, mas muito tem sido feito para que esteja disponível nas principais capitais brasileiras.

> *Com a tecnologia 5G, as máquinas vão compartilhar informações entre si, drones farão entregas, cirurgiões vão operar a distância e carros autônomos se comunicarão. Por isso, cuidados com segurança e privacidade devem ser concebidos desde o design.*
> (Peck, 2019)

Essas matérias que citamos ocupam as páginas dos principais noticiários no mundo inteiro e são exemplos de como o planeta está caminhando rumo à **hiperconexão**, em uma realidade mista, em que os dados estarão no centro na tomada de decisões. As possibilidades abrem um campo em que a economia digital deve gerar 23 trilhões de dólares até 2025. Em outras palavras, empresas e governos se preparam para lucrar com as oportunidades que devem surgir diante de tamanha transformação.

Contudo, para além das oportunidades de mercado e de consumo, esse cenário abre espaço para crimes cibernéticos, uso indevido de dados e, mais que isso, para a discussão sobre ética e privacidade.

Como citamos o caso das restrições aos cidadãos por meio do crédito na China, vale uma pequena avaliação das diferenças entre os países. A China vive uma sob ditadura comunista desde 1949. Um partido único – o Partido Comunista da China – controla o país em todas as esferas: governo, polícia e Forças Armadas. A imprensa não tem liberdade para se expressar livremente, e a chamada "grande muralha digital" impõe restrições severas de acesso a diversos *sites*, redes sociais e plataformas como Facebook, Twitter, YouTube e Netflix. A visão de privacidade e liberdade é muito diferente do mundo ocidental, mesmo assim, o país já começa a dar sinais com a preocupação sobre uso indevido e vazamento de dados e sobre possível legislação.

Os Estados Unidos não têm uma lei única sobre proteção de dados; a principal é a Lei da Califórnia de Privacidade do Consumidor, de 28 de junho de 2018, ou California Consumer Privacy Act of 2018 – CCPA (California, 2018).

Segundo Denis Faria, consultor jurídico em privacidade e proteção de dados, essa lei garante aos consumidores quatro direitos básicos sobre seus dados pessoais: "o direito de serem notificados, de terem acesso, de poderem optar (ou não) por uma coleta de dados e de terem acesso igualitário a serviços. Todas as empresas que coletam e/ou tratam dados de cidadãos californianos precisam seguir a CCPA, e não apenas aquelas com sede no estado" (Roma News, 2021).

Ainda segundo Denis Faria, a principal referência mundial sobre legislação de proteção de dados vem da União Europeia e, inclusive, motivou muitos países a reformularem ou trabalharem em regras similares à General Data Protection Regulation (GDPR). Adotada em 14 de abril de 2016 e aplicada a partir de 25 de maio de 2018, a GDPR já vem mostrando efeitos práticos na forma como as empresas coletam e utilizam as informações dos usuários (Roma News, 2021).

Abordaremos com mais detalhes a GDPR adiante, mas, para ter uma ideia mundial do alcance do assunto, confira o Mapa 3.1.

Mapa 3.1 – General Data Protection Regulation (GDPR) pelo mundo

Grau de adequação
- País fortemente adequado (GDPR)
- País adequado
- País parcialmente adequado
- Autoridade nacional e lei(s) de proteção de dados pessoais
- Lei(s) de proteção de dados pessoais
- Sem lei(s) específica(s) sobre o tema

Fonte: Serpro, 2021a.

capítulo
3

3.1 Lei Geral de Proteção de Dados

O Serviço Federal de Processamento de Dados (Serpro) é a maior empresa pública de prestação de serviços em tecnologia da informação do Brasil e a principal autoridade na Lei Geral de Proteção de Dados Pessoais (LGPD) – Lei n. 13.709, de 14 de agosto de 2018 (Brasil, 2018a) – para auxiliar o país na adequação aos princípios da lei.

Além de detalhar informações sobre a LGPD, a Serpro atualiza as informações sobre a aplicação da lei e convida toda a sociedade a colaborar com esse tema tão relevante.

Para clarificar o conceito da LGPD, a Serpro assim a define:

> A LGPD permite a transferência de dados além-fronteira, desde que seja com o consentimento específico do titular dos dados; a pedido do titular para que esse possa executar pré-contrato ou contrato; para proteger a vida e a integridade física do titular ou de terceiro; para ajudar na execução de política pública; para país ou organismo internacional que projeta dados pessoais de forma compatível com o Brasil; para cooperar juridicamente com órgãos públicos de inteligência, investigação, ou por conta de compromisso assumido via acordo internacional; para cumprir obrigação legal; com a autorização da Autoridade Nacional de Proteção de Dados Pessoais (ANPD); comprovado que o controlador segue a LGPD na forma de normas globais, selos, certificados e códigos de conduta. (Serpro, 2021a)

A Serpro também esclarece que "a Autoridade Nacional de Proteção de Dados Pessoais, a ANPD, é a instituição que vai fiscalizar e, se a LGPD for descumprida, penalizar. Além disso, a ANPD terá as tarefas de regular e de orientar, preventivamente, sobre como aplicar a lei" (Serpro, 2021b).

Quanto mais a tecnologia avança, mais há consenso, em todo o mundo, de que o tema privacidade de dados necessita de regulamentação para proteger o cidadão, evitar distorções e promover a democracia. O Brasil discutia há quase uma década a necessidade de regular o tema até que, em 2018, o presidente da República sancionou a Lei Geral de Proteção de Dados, que entrou em vigor em 2020.

A LGPD faz duas importantes exigências: 1) proteção e 2) transparência no uso das informações pessoais dos cidadãos. Essa lei afeta tanto o setor público quanto o setor privado e, por ser recente, é fundamental conhecer seus principais pontos.

Se a gente fosse eleger a principal palavra da Lei Geral de Proteção de Dados Pessoais (LGPD), a escolhida seria, sem dúvidas, CONSENTIMENTO. É o titular, ou seja, a pessoa a quem se referem os dados que deve, se quiser – ao ser questionada, de forma explícita e inequívoca – autorizar que suas informações sejam usadas, por empresas e órgãos públicos, na hora da oferta de produtos e serviços, gratuitos ou não. (Serpro, 2021d)

Parece óbvio, mas não é. Lembremos do caso da Cambridge Analytica, citado no início deste capítulo. Então, ainda temos muito a discutir e regular, mesmo quando a LGPD entra em vigor. Governos, instituições e empresas terão que se adequar e mudar muitas de suas práticas atuais.

A Lei n. 13.709/2018 é a legislação brasileira que regula as atividades de tratamento de dados pessoais e que altera os artigos 7º e 16º do Marco Civil da Internet – Lei n. 12.965, de 23 de abril de 2014 (Brasil, 2014).

A LGPD visa proteger os dados pessoais, tanto no formato físico, quanto no digital. O ponto basilar é o tratamento dos dados pessoais que identifique uma pessoa, como nome e sobrenome, CPF e RG, além de dados como raça, religião, sexualidade e opinião política, que são tidos como dados "sensíveis" e recebem proteção.

O principal objetivo da LGPD é proteger os dados pessoais e sua disponibilização tanto em ambientes físicos (cadastros, formulários, documentos etc.) quanto no formato digital (*sites*, aplicativos, redes sociais etc.). É consenso que há dados mais "sensíveis" que outros e que precisam de proteção; trata-se daqueles que identificam uma pessoa (nome e sobrenome, documentos como CPF e RG), sua situação (raça, sexualidade) ou suas crenças (religião, opinião política).

A Figura 3.1 reproduz um resumo, disponibilizado no *site* da Serpro, com os principais direitos adquiridos com a promulgação da LGPD.

capítulo 3

Figura 3.1 – Direitos garantidos pela LGPD

Confirmação de que existe um ou mais tratamento de dados sendo realizado	**Acesso aos dados** pessoais conservados que lhe digam respeito	**Correção** de dados pessoais incompletos, inexatos ou desatualizados	**Eliminação** de dados pessoais desnecessários, excessivos ou caso o seu tratamento seja ilícito
Portabilidade de dados a outro fornecedor de serviço ou produto, observados os segredos comercial e industrial	**Eliminação** de dados (exceto quando o tratamento é legal, mesmo que sem o consentimento do titular)		**Informação sobre compartilhamento** de seus dados com entes públicos e privados, caso isso exista
Informação sobre o não consentimento, ou seja, sobre a opção de não autorizar o tratamento e as consequências da negativa	**Revogação** do consentimento contra o controlador dos dados junto à autoridade nacional	**Reclamação** contra o controlador dos dados junto à autoridade nacional	**Oposição**, caso discorde de um tratamento feito sem seu consentimento e o considere irregular

davooda e phipatbig/Shutterstock

Fonte: Serpro, 2021c.

A LGPD afeta diferentes setores e serviços. Provavelmente, a startup, em algum momento, precisará dos dados de seus clientes e terá de avaliar as implicações da lei na formulação do produto.

A Figura 3.2 ajuda a entender os direitos e obrigações do cidadão e oferece uma visão para o responsável pela base de dados de pessoas.

Figura 3.2 – Principais pontos da LGPD

Fonte: Serpro, 2021b.

A Regulamento Geral de Proteção de Dados na União Europeia (General Data Protection Regulation em inglês, que gerou a sigla GDPR) foi a base para a redação da LGPD no Brasil e da legislação de vários outros países.

3.2 Regulamento Geral de Proteção de Dados na União Europeia

O Regulamento (UE) 2016/679, ou Regulamento da União Europeia, foi criado pelo Parlamento Europeu e pelo Conselho da União Europeia e é relativo à proteção das pessoas no tratamento de dados pessoais e à livre circulação desses dados em meios físicos e *on-line* (União Europeia, 2016).

O Regulamento Geral sobre a Proteção de Dados, ou GDPR, entrou em vigor em maio de 2018, quando foi publicado no Jornal Oficial da União Europeia (União Europeia, 2016). Seu texto original (em inglês) explicita sete princípios norteadores da visão europeia sobre proteção de dados. Estes estão estabelecidos no art. 5º do GDPR, conforme o trecho a seguir:

> *Os dados pessoais são:*
>
> *a) Objeto de um tratamento lícito, leal e transparente em relação ao titular dos dados (licitude, lealdade e transparência);*
>
> *b) Recolhidos para finalidades determinadas, explícitas e legítimas e não podendo ser tratados posteriormente de uma forma incompatível com essas finalidades; o tratamento posterior para fins de arquivo de interesse público, ou para fins de investigação científica ou histórica ou para fins estatísticos, não é considerado incompatível com as finalidades iniciais, em conformidade com o artigo 89º, nº 1 (limitação das finalidades);*
>
> *c) Adequados, pertinentes e limitados ao que é necessário relativamente às finalidades para as quais são tratados (minimização dos dados);*

d) Exatos e atualizados sempre que necessário; devem ser adotadas todas as medidas adequadas para que os dados inexatos, tendo em conta as finalidades para que são tratados, sejam apagados ou retificados sem demora (exatidão);

e) Conservados de uma forma que permita a identificação dos titulares dos dados apenas durante o período necessário para as finalidades para as quais são tratados; os dados pessoais podem ser conservados durante períodos mais longos, desde que sejam tratados exclusivamente para fins de arquivo de interesse público, ou para fins de investigação científica ou histórica ou para fins estatísticos, em conformidade com o artigo 89º, nº 1, sujeitos à aplicação das medidas técnicas e organizativas adequadas exigidas pelo presente regulamento, a fim de salvaguardar os direitos e liberdades do titular dos dados (limitação da conservação);

f) Tratados de uma forma que garanta a sua segurança, incluindo a proteção contra o seu tratamento não autorizado ou ilícito e contra a sua perda, destruição ou danificação acidental, adotando as medidas técnicas ou organizativas adequadas (integridade e confidencialidade).

2. O responsável pelo tratamento é responsável pelo cumprimento do disposto no n.º 1 e tem de poder comprová-lo (responsabilidade).
(União Europeia, 2016, p. 35-36)

Um dos pontos de maior relevo é a capacidade de dispersão, o tratamento que a GDPR dá para o cidadão europeu dentro ou fora da Europa. Esse foi ponto polêmico nas discussões da aprovação, que continuam até hoje. O Regulamento é válido para indivíduos residentes no território da União Europeia, podendo ser cidadãos ou não, e permanece válido para aqueles que não se encontrem fisicamente no território ou que estejam no território apenas de passagem (turistas, por exemplo).

capítulo 3

Por conseguinte, empresas, instituições e governos que mantenham qualquer tipo de relacionamento com clientes ou parceiros na União Europeia estão sujeitos a esse Regulamento.

Nem mesmo nos tempos da pandemia do coronavírus a União Europeia fez concessões a respeito de proteção de dados e monitoramento do cidadão, cumprindo a cláusula no art. 9°, Tratamento de categorias especiais de dados pessoais, que estabelece:

> 1. É proibido o tratamento de dados pessoais que revelem a origem racial ou étnica, as opiniões políticas, as convicções religiosas ou filosóficas, ou a filiação sindical, bem como o tratamento de dados genéticos, dados biométricos para identificar uma pessoa de forma inequívoca, dados relativos à saúde ou dados relativos à vida sexual ou orientação sexual de uma pessoa.
>
> 2. O disposto no n.o 1 não se aplica se se verificar um dos seguintes casos:
>
> [...]
>
> h) Se o tratamento for necessário para efeitos de medicina preventiva ou do trabalho, para a avaliação da capacidade de trabalho do empregado, o diagnóstico médico, a prestação de cuidados ou tratamentos de saúde ou de ação social ou a gestão de sistemas e serviços de saúde ou de ação social com base no direito da União ou dos Estados-Membros ou por força de um contrato com um profissional de saúde, sob reserva das condições e garantias previstas no n° 3;
>
> i) Se o tratamento for necessário por motivos de interesse público no domínio da saúde pública, tais como a proteção contra ameaças transfronteiriças graves para a saúde ou para assegurar um elevado nível de qualidade e de segurança dos cuidados de saúde e dos medicamentos ou dispositivos médicos, com base no direito da União ou dos Estados-Membros que preveja medidas adequadas e específicas que salvaguardem os direitos e liberdades do titular dos dados, em particular o sigilo profissional.
>
> (União Europeia, 2016, p. 38-39)

Com o passar dos anos, certamente teremos uma visão mais clara sobre a proteção de dados no momento da pandemia de Covid-19. Vários países, incluindo os da União Europeia e o Brasil, utilizaram de soluções tecnológicas baseadas em dados para monitorar pacientes contaminados, usaram dados de dispositivos móveis para mensurar deslocamento de pessoas, acompanhar e monitorar viajantes em deslocamento. A situação exigiu medidas extremas e colocou à prova muitos pontos que estavam apenas no papel.

3.3 Leis brasileiras de inovação

O Fórum Inova Cidades reúne secretários e dirigentes municipais que trabalham com inovação governamental visando maior eficiência na gestão pública. Em 2020, o Fórum publicou um panorama sobre a inovação no país, identificando os principais gargalos e oportunidades que as cidades observam para inovar (Fórum Inova Cidades, 2020).

Nos últimos anos, vários municípios brasileiros passaram a encarar a inovação de forma estratégica, alavancando experiências relevantes e abrindo caminho para espaços que favoreçam empresas de base tecnológica e startups. É possível perceber avanços na mobilização de recursos financeiros e humanos, além de um amadurecimento do ponto de vista dos gestores públicos.

No entanto, desafios de natureza jurídica, institucional, orçamentária e organizacional persistem, o que tem sido trabalhado em diversas frentes, entre elas, a criação de legislação específica de apoio à inovação, pesquisa e desenvolvimento.

O estabelecimento de marcos normativos globais contribuiu de forma decisiva para o aumento da oferta de soluções inovadoras. Também foi decisivo para a criação de áreas de governo voltadas à incorporação da cultura inovadora na gestão pública.

A Lei Federal n. 10.973, de 2 de dezembro de 2004 ("Lei 10.973/2004"), pode ser considerada como o marco normativo sobre o tema de inovação [...] tal diploma estabeleceu instrumentos relevantes de "incentivo à inovação e à pesquisa científica e tecnológica

capítulo

3

nacional" ("inovação"). De início, merecem menção algumas das definições trazidas pela Lei 10.973/2004 (art. 2º) que serviram de base para a formulação dos referidos instrumentos: agência de fomento, entendida como órgão ou instituição, pública ou privada, que tenha por objetivo financiar ações de estímulo à inovação; Instituição Científica e Tecnológica ("ICT"), conceituada como órgão ou entidade da administração pública que tenha entre suas missões a execução de atividades de pesquisa científica ou tecnológica; e núcleo de inovação tecnológica ("NIT"), ente constituído por um ou mais ICTs com a finalidade de gerir sua política de inovação. O Capítulo II da Lei 10.973/2004 foi dedicado ao estímulo à construção de ambientes especializados e cooperativos de inovação, comumente chamados na literatura especializada de "ecossistemas de inovação". (Fórum Inova Cidades, 2020, p. 15)

Portanto, o Fórum Inova Cidades (2020) destaca pontos importantes, como cooperação entre empresas, ICTs (instituição científica e tecnológica) e instituições filantrópicas; compartilhamento de laboratórios para pesquisa e desenvolvimento; e participação da gestão pública no capital de empresas privadas de propósito específico que visem ao desenvolvimento de inovação.

Em 2016, a promulgação da Lei n. 13.243, de 11 de janeiro, melhorou vários pontos do marco normativo federal de incentivo à inovação, buscando corrigir, dar clareza e maior efetividade a dispositivos legais e incentivos necessários à difusão da inovação (Brasil, 2016).

Enquanto a redação original continha disposições que, em sua maioria, eram aplicáveis apenas à União, a redação dada pelo diploma de 2016 ampliou o escopo para abranger todos os entes federados.

Isso impulsionou o olhar estadual e o municipal sobre a legislação para inovação, respeitando as particularidades de cada região e instituindo as leis municipais e estaduais de inovação. O estudo do Fórum Inova Cidades (2020) mapeou as cidades brasileiras que mantinham leis de inovação, até o momento da sua publicação, como ilustra o Mapa 3.2.

Mapa 3.2 – Cidades do Brasil que contam com legislação municipal referente à inovação

Fonte: Fórum Inova Cidades, 2020, p. 25.

Uma lei municipal de inovação é necessária para: a criação de órgãos municipais de suporte à política de inovação, como conselhos de inovação; a criação de incentivos fiscais municipais; a realização de alterações de natureza orçamentária que demandem autorização legislativa específica, como a criação de fundos ou a vinculação de receitas municipais às atividades de apoio à inovação.

capítulo
3

O dispositivo mais importante para a construção da lei de inovação é a participação direta do ecossistema de inovação, dando uma visão multissetorial para o assunto e instituindo um mecanismo de governança que não seja suscetível às variações políticas a que o Poder Executivo está submetido.

Empresas, universidades e cidadãos podem tanto colaborar com a gestão pública neste processo quanto serem os indutores dessas conquistas em suas regiões.

3.4 Lei de Informática

Mais antiga, a Lei n. 8.248, de 23 de outubro de 1991, conhecida como a Lei de Informática, legisla sobre incentivos fiscais para empresas do setor de tecnologia da informação e comunicação (TIC). O principal objetivo desse instrumento legal foi incentivar o investimento em pesquisa, desenvolvimento e inovação (PD&I) de empresas que, em contrapartida, têm redução do valor do Imposto sobre Produto Industrializado (IPI) (Brasil, 1991).

Segundo o Sebrae (2018), "as obrigações de investimento em PD&I ultrapassam R$ 1,5 bilhão por ano. Essas obrigações são medidas pelo percentual (em torno de 4%) do faturamento bruto anual dos produtos incentivados, deduzidos os tributos".

A Lei n. 13.969, de 26 de dezembro de 2019, alterou a Lei n. 8.248/1991, modificando a forma de utilização do incentivo, que passou a ser por meio de créditos financeiros, em substituição à desoneração do IPI existente anteriormente. Também instituiu a obrigatoriedade de monitoramento dos recursos aplicados com comprovação de resultados.

Essa alteração foi um importante avanço para alavancar investimentos para as startups, já que até 54% do total das obrigações de investimento em PD&I podem ser direcionadas para a aplicação em fundos de investimentos ou outros instrumentos autorizados pela Comissão de Valores Mobiliários (CVM) e que se destinem à capitalização de empresas de tecnologia. Esses investimentos foram regulamentados pela Portaria n. 5.894, de 13 de novembro de 2018 (Brasil, 2018c).

A nova Lei de Informática se destina "às pessoas jurídicas fabricantes de bens de tecnologias da informação e comunicação que investirem em atividades de pesquisa, desenvolvimento e inovação, que cumprirem o processo produtivo básico" (Brasil, 2019b, art. 2º).

3.5 Movimentos importantes do governo federal

Toda a legislação sobre startup é muito recente no país. Em 2019, uma consulta pública pôs em discussão a definição de startup e convidou a sociedade para participar das escritas legais de inovação. A Lei Complementar n. 182, de 1 de junho de 2021, institui o marco legal das startups e do empreendedorismo inovador (Brasil, 2021). Também chamada Lei das Startups, ela é considerada um avanço significativo para o setor tanto em termos de constituição legal das empresas, quanto no incentivo à inovação no Brasil.

3.5.1 Lei das Startups

São comuns histórias de startups com seis, oito, dez anos de existência conquistando espaço e resultados no mercado brasileiro. Entretanto, durante muito tempo não houve uma definição legal para este tipo de empresa.

Para tratar do conceito de startup, é preciso consultar a Lei Complementar n. 167, conhecida como a Lei do Simples Nacional, de 24 de abril de 2019 (Brasil, 2019c), mas vale aprofundar alguns pontos que serão importantes para a legislação brasileira nos próximos anos.

Sancionada em 2019, a Lei Complementar n. 167 conceitua startup no art. 13, ao incluir um rol de dispositivos na Lei Complementar

capítulo 3

n. 123, de 14 de dezembro de 2006 (Brasil, 2006). Um ponto importante na lei foi a instituição do Inova Simples – modelo simplificado de abertura e fechamento de startups.

A norma considera startup a empresa de caráter inovador que atua em condições de incerteza. Por sua natureza, ela pode ser formalizada de uma maneira diferenciada ao sistema Redesim (Rede Nacional para a Simplificação do Registro e da Legalização de Empresas e Negócios), em um procedimento mais simples e automático do que o da abertura de empresas tradicionais. **Não é mais o Simples Nacional a melhor alternativa de tributação, mas, sim, o Inova Simples**.

Para o modelo de negócios das startups, o modelo de empresa de sociedades limitadas (Ltda.) ou o modelo de empresa de sociedades anônimas tradicionais (S.A.) não é vantajoso. A lei abre a possibilidade de constituir uma modalidade diferente: sociedade anônima simplificada (SAS), podendo ser aberta, fechada, ter acionistas, entre outros fatores como os demais modelos.

Conforme explica Ricardo Junior, em matéria publicada no Jornal Contábil, de abril de 2019, intitulada *Inova Simples: o novo Regime Tributário para startups*:

> A lei vincula ao conceito de startup a comercialização experimental do serviço ou produto, colocando o limite de faturamento do MEI (R$ 81.000,00 por ano) como parâmetro de migração para outro modelo empresarial adequado ao negócio. E, não dando certo o MVP, a baixa do CNPJ ocorrerá de forma automática, com uma autodeclaração facilitada na Redesim.

> "Art. 65 – § 2º As startups caracterizam-se por desenvolver suas inovações em condições de incerteza que requerem experimentos e validações constantes, inclusive mediante comercialização experimental provisória, antes de procederem à comercialização plena e à obtenção de receita". (Junior, 2019)

Outro ponto interessante é a previsão que o Instituto Nacional de Marcas e Patentes (Inpi) deverá estabelecer, no portal Redesim, um campo específico de comunicação automática com sua entidade, para um processamento automático dos pedidos de registro de marca e depósito de patentes.

3.5.2 Marco legal das startups e empreendedorismo inovador

Como já comentamos, a Lei Complementar n. 182/2021 institui o marco legal das startups e do empreendedorismo inovador (Brasil, 2021). Também chamada Lei das Startups, foi um movimento importante do governo federal no apoio a empresas de base tecnológica que surgem em um cenário de incerteza e velocidade. A lei estabelece diretrizes para a atuação das administrações públicas federal, estadual ou municipal; apresenta medidas de fomento ao ambiente de negócios e ao aumento da oferta de capital para investimento em empreendedorismo inovador; e disciplina a licitação e a contratação de soluções inovadoras pela administração pública.

A tramitação pelas instâncias do governo federal contou com muita articulação e apoio do ecossistema de inovação brasileiro que, talvez pela primeira vez, se envolveu verdadeiramente do começo ao fim do processo legislativo. Foi debatido sob diversos pontos de vista o que era melhor ou pior para os empreendedores, investidores e ambientes.

No decorrer do processo, foram algumas vitórias e várias derrotas. Mas o texto final representa um avanço, ainda que não exatamente aquele que o ecossistema merece e necessita.

Como pontos positivos, a lei reforça a segurança jurídica tanto para investidores quanto para a relação entre o setor privado e o governo; abre possibilidades em licitações com valores limitados; e apresenta o *Sandbox regulatório*. Talvez esta seja a maior contribuição, pois cria uma flexibilização jurídica que permite testar projetos inovadores, sendo eles produtos ou serviços experimentais, com clientes reais, sujeitos a requisitos regulatórios específicos.

Ficaram de fora temas importantes como o enquadramento das S.A. no Simples Nacional, a equiparação do tratamento tributário de investimento-anjo e outros investimentos isentos, e as questões de *Stock Options*. O termo refere-se ao plano de Opção de Compra de Ações e é uma forma de a empresa ou startup fornecer aos colaboradores a opção de adquirir as ações do negócio. Essa opção é muito utilizada por startups no mundo inteiro, pois é capaz de manter profissionais engajados e a promessa dos ganhos futuros equipara as questões salariais para empresas que ainda estão em momento de escala.

De qualquer forma, o Brasil se prepara para entrar em outro nível no desenvolvimento e apoio às startups.

3.5.3 Lei de Desburocratização

A Lei n. 13.726, de 8 de outubro de 2018, também chamada de Lei de Desburocratização, incentiva a digitalização, a criação de ambientes digitais que visem diminuir o tempo e o esforço que o cidadão, pessoa física ou jurídica, empregue ao se relacionar com os órgãos públicos (Brasil, 2018b).

Diminuição no tempo gasto para abrir empresas, pagamento de impostos, obtenção de alvarás de construção, conexão com a rede elétrica, registro de propriedade, obtenção de crédito, proteção de investidores minoritários, pagamento de tributos, comércio internacional, execução de contratos e resolução de insolvência são alguns dos pontos tratados com prioridade pela lei. Afinal, país mais competitivo é também um país como menos burocracia.

> *Esta Lei racionaliza atos e procedimentos administrativos dos Poderes da União, dos Estados, do Distrito Federal e dos Municípios mediante a supressão ou a simplificação de formalidades ou exigências desnecessárias ou superpostas, cujo custo econômico ou social, tanto para o erário como para o cidadão, seja superior ao eventual risco de fraude, e institui o Selo de Desburocratização e Simplificação.* (Brasil, 2018b, art. 1º)

Todas essas discussões jurídicas, movimentos dos órgãos reguladores e processos legislativos e judiciários são de interesse contínuo dos empreendedores e empresários. A pouca educação jurídica e o pouco interesse por atos públicos-políticos nos colocam à margem dessas decisões, o que é um erro.

Conhecer, acompanhar e contribuir para a escrita dessas diversas leis pode transformar mais rapidamente o ambiente empresarial brasileiro para melhor. Sugerimos que, como empreendedores, nos interessemos por esses assuntos para poder reivindicar, com mais clareza, nossos direitos e entender nossos deveres.

As constantes mudanças também abriram oportunidades importantes para a atuação de advogados e advogadas em uma área chamada de direito para startups. A sociedade 4.0 abre espaço para a área do direito 4.0.

3.5.4 Lei (MP) da Liberdade Econômica

A Lei n. 13.874, de 20 de setembro de 2019, instituiu:

> *A Declaração de Direitos de Liberdade Econômica, que estabelece normas de proteção à livre iniciativa e ao livre exercício de atividade econômica e disposições sobre a atuação do Estado como agente normativo e regulador.* (Brasil, 2019a, art. 1º)

Assim, essa lei altera o Código Civil sobre aspectos da disciplina contratual. O objetivo da lei foi diminuir a intervenção estatal nas atividades econômicas brasileiras ao dar autonomia nas relações empresariais e civis, aumentando a segurança jurídica no mercado brasileiro, fator relevante para melhorar o desempenho econômico.

Nesse sentido, ela estabelece os seguintes princípios:

- A liberdade como uma garantia no exercício de atividades econômicas.
- A boa-fé do particular perante o Poder Público.
- A intervenção subsidiária e excepcional do Estado sobre o exercício de atividades econômicas.
- O reconhecimento da vulnerabilidade do particular perante o Estado.

capítulo 3

A lei faz parte das ações do governo federal para desburocratização do estado brasileiro. O *Doing Business*, pesquisa conduzida pelo Banco Mundial, classifica o Brasil como um dos países mais burocráticos do mundo, ocupando a 124ª posição no indicador de facilidade para fazer negócios entre 190 países do *ranking* (Banco Mundial, 2021). Esse fato é atenuado com as medidas citadas no parágrafo anterior, que permitem, por exemplo, que um negócio de "baixo risco" inicie sem prévia autorização, concessão, credenciamento, expedição de alvará e demais atos públicos.

Apesar de muitas críticas com relação a questões trabalhistas e de direitos adquiridos dos trabalhadores brasileiros, a Lei de Liberdade Econômica é um avanço para resolver um problema histórico sobre a dificuldade de se empreender no Brasil.

Capítulo 4

Busca por novos parceiros: investidores e sócios

Muitas startups buscam investimentos antes da hora, o que gera frustação. Há um momento certo para buscar parceria financeira para alavancar o negócio.

O investidor exige um produto minimamente viável (MVP – Minimum Viable Product) validado; por isso, é (quase) obrigatório contar com clientes rodando, provando o *product/market fit* (PMF) do negócio. O investidor precisa de algumas provas de viabilidade do negócio para aceitar ser um parceiro.

Rodar a startup sem ele é gerenciar no *bootstrapping*. Fazer *bootstrapping* significa começar um negócio com recursos limitados, sem o apoio de investidores. Se essa parece uma opção pouco provável, saiba que a Sympla – startup fundada em 2012, com a missão de simplificar a compra de ingressos e a gestão de eventos – cresceu fazendo *bootstrapping*: em 2016 e 2017, recebeu investimentos de 13 e 15 milhões de reais da Movile, dona do iFood e da PlayKids. Apesar de seus fundadores não abrirem os números de seu faturamento, finalizaram 2020 mantendo a taxa de crescimento de 195% ao ano.

4.1 Levantamento de recursos e fontes disponíveis

Existem diversas maneiras de levantar recursos para a operação do negócio. A Abstartups lista alguns, conforme segue:

- **Faturamento próprio**: o plano de negócio pode ajudar a conquistar um equilíbrio financeiro para manter nosso negócio saudável e sustentar a primeira fase de crescimento.

- **Capital próprio**: o investimento próprio ou de parentes como primeiros investidores é uma forma muito comum. Entretanto, é preciso lembrar de separar as contas pessoais das empresariais, o que pode ser um desafio muito importante.

capítulo 4

■ ***Crowdfunding***: em tradução livre, significa "financiamento coletivo". Alguns tipos de negócio têm potencial para conseguir apoio de possíveis clientes de forma colaborativa.

■ **Modelo de negócio alternativo**: um negócio à parte, que permite continuar com foco na startup, mas gera rentabilidade para sustentar o período de validação e início de faturamento.

■ **Empréstimo**: sempre é uma opção, mas as taxas de juros bancários e a instabilidade do mercado brasileiro devem ser levadas em conta para essa opção de financiamento.

Outra opção não relacionada a investidores é buscar fontes de recursos governamentais disponíveis. Há fontes permanentes de recursos para a inovação.

O levantamento do Fórum Inova Cidades (2020) elenca as fontes que abordaremos a seguir como importantes oportunidades de recurso disponíveis. Certamente, essas não são as únicas fontes, mas são caminhos ainda pouco divulgados, que podem contribuir diretamente para ampliação de recursos financeiros para estímulo ao empreendedorismo e contratação de soluções inovadoras para o país.

Criação e regulamentação de fundos municipais de apoio à inovação: via legislativa

Os fundos municipais de inovação são cada vez mais comuns nas cidades brasileiras. Embora a maioria se encontre em fase inicial de formatação e operação concreta, é um excelente instrumento para fomentar estudos, projetos, serviços e programas que estimulem a cultura de inovação e desenvolvam economicamente as empresas localmente. De forma geral, as fontes de recurso para os fundos são transferências financeiras dos governos federal, estadual ou municipal; dotação orçamentárias preestabelecidas nas leis de diretrizes orçamentárias; rendimentos de aplicações; percentual de recolhimento de tributos, impostos ou convênios etc.

Programa de Pesquisa e Desenvolvimento (PED) da Agência Nacional de Energia Elétrica (Aneel)

O objetivo do Programa de P&D é alocar, adequadamente, recursos humanos e financeiros em projetos que demonstrem a originalidade, a aplicabilidade, a relevância e a viabilidade econômica de produtos e serviços nos processos e usos finais de energia. Busca-se o uso da inovação para criar equipamentos ao setor elétrico, mantendo a segurança do serviço, a modicidade tarifária e o baixo impacto ambiental.

Empresas petrolíferas para exploração

Pela Lei n. 9.478, de 6 de agosto de 1997, 1% da receita bruta dos campos de petróleo brasileiros deve ser investido em inovação (Brasil, 1997). Esses contratos são celebrados entre a Agência Nacional de Petróleo, Gás Natural e Biocombustíveis (ANP) e as empresas petrolíferas segundo condições específicas de cada modalidade de contrato. Apesar de bastante restrito, é uma garantia para empresas do setor manterem pesquisa, desenvolvimento e inovação nacionais e continuadas.

Todavia, o grande momento de uma startup é quando um investidor vê valor no produto, concorda com o planejamento, a estratégia e valoriza o esforço empregado ao longo de sua trajetória.

4.2 Tipos e fases de investimentos

Já versamos sobre as fases de startup, do ciclo de vida, do momento para buscar o crescimento, mas, agora, convém tratarmos dessas etapas do ponto de vista do investidor. Há um momento certo para buscar o recurso, mas também existe o investidor certo para cada momento. Conhecer e se preparar para eles é fundamental.

É ponto pacífico que todo investidor de startup está assumindo um risco alto. Ele está dedicando tempo e dinheiro no projeto por acreditar nele, por avaliar que a startup tem as competências

capítulo 4

necessárias para fazê-lo acontecer e por enxergar, no final de tudo, oportunidades de ganhos financeiros importantes.

Há uma gama de investidores dispostos a apoiar startups como investidores-anjos, associações de investidores-anjos, *venture capitals*, *equity crowdfundings*, entre outras modalidades.

Mas o investidor de startup investe em longo prazo e leva, em média, de cinco a oito anos para colher os resultados de sua aposta. Cada investidor, em cada fase de investimento, tem um apetite diferente para risco e um orçamento. A estratégia normal para investidores do Vale do Silício é o investimento em quantidade. A ideia é: o investidor aplica em várias empresas que não darão retorno, mas uma dará um retorno que pagará por todo o investimento.

O mercado de investimento no Brasil está em crescimento. Segundo Flávia Carrilo (2020), da Associação Brasileira de Startups, de 2015 a 2019, o número de startups no país mais do que triplicou. Em 2015, uma iniciativa do banco Itaú Unibanco, em parceria com a Redpoint e.ventures, criou o Cubo, em São Paulo. A ideia de reunir, em um mesmo local, startups, investidores e mentores transformou o espaço no maior *hub* de inovação da América Latina.

Em 2018, a empresa chinesa Didi Chuxing – concorrente da Uber na China – assumiu o controle da startup 99 e fez surgir o primeiro unicórnio brasileiro. Ela foi uma das muitas startups maduras que atingiram níveis de tração e *scale-up* e levaram o Brasil a ter 13 empresas avaliadas em, pelo menos, 1 bilhão de dólares ao final de 2019. Um fato interessante é que a maturidade dos ecossistemas de inovação também cresce fora do eixo Rio/ São Paulo, o que tem potencializado novas regiões e novos polos para investimento e desenvolvimento de startups.

Com isso, o Brasil conquistou uma posição relevante internacionalmente entre os dez países em número de startups – além dos unicórnios, diversas promessas com grande potencial de crescimento. A própria Abstartups (Carrilo, 2020) indicava, no final de 2019, que 9,51% das startups brasileiras já estavam em fase de *scale-up*. Naturalmente, o número de investidores no Brasil vem crescendo no mesmo compasso e atraindo, para a América Latina, junto com

Colômbia, México e Argentina, a atenção de fundos de investimento e grandes corporações internacionais. O investimento de *venture capital* em startups latino-americanas cresceu de 2 bilhões de dólares em 2018 para 2,6 bilhões em 2019 (Carrilo, 2020).

O crescimento acelerado levou o Brasil a conquistar a terceira posição em número de unicórnios no mundo, empatado com a Alemanha, e atrás dos Estados Unidos e da China, em primeiro e segundo lugares, respectivamente (Teare, 2019). Fato interessante é Israel ter ficado na quarta posição, visto que esse país é considerado a nação startup (*startup nation*).

Todavia, se compararmos o volume total de investimento realizado, o Brasil ainda tem muito a crescer. O maior investimento tem sido aplicado em operações para startups maduras, já para startups em fase de semente, ainda há um mercado que busca expansão.

Para termos uma ideia da diferença de capital para os empreendedores brasileiros, a Sling Capital (2019) publicou um comparativo entre Brasil e Estados Unidos para o mercado de investimento de risco. O estudo mostra que, em plataformas de *equity crowdfunding*, *venture capital* e investimento-anjo, o tamanho do mercado estadunidense é 99 vezes maior do que o brasileiro.

Aqui, vale fazer uma pausa para retomar os conceitos das fases de investimento em startup e o que significam os tipos de investidores que já citamos até aqui.

Comecemos pelas fases de investimento e os valores de referência de cada rodada. Uma rodada de investimento é o processo pelo qual uma empresa capta fundos para a continuidade de seu crescimento. Também conhecidas como *rounds* de investimento, ou séries, seus nomes seguem a ordem alfabética: a primeira rodada é a Série A, a segunda é a Série B e assim por diante.

O tipo do investidor, geralmente, é conhecido pelo tipo de rodada de que participa. O conjunto de parâmetros para a tomada de decisão de investimento é chamado de "tese de investimento". Alguns exemplos de teses de investimento são:

- tamanho da empresa;
- volume do investimento;
- setor (a escolha de uma área onde o investidor tem mais domínio ou vê mais valor);
- tecnologia (onde a empresa ou produto está inserido);
- modelo de negócios;
- perfil dos sócios (às vezes o "brilho no olho" do empreendedor conquista o investimento);
- estágio de maturidade;
- *valuation*;
- visão de longo prazo.

Agora que listamos as fases e as teses, podemos tratar dos principais tipos de investimentos em startups.

Bootstrapping

Conforme já citamos, é o primeiro passo dos investimentos e quando o empreendedor é o próprio investidor.

3Fs (*Family, Friends and Fools*)

Em português, "família, amigos e tolos", o 3Fs é um tipo de investimento inicial no qual as pessoas mais próximas, comumente, amigos e família, ajudam a viabilizar a startup com pequenos investimentos.

Incubadoras

Não necessariamente detentoras de recursos financeiros, as incubadoras representam um modelo de investimento com o objetivo de apoiar os primeiros passos do projeto ou da empresa. O processo de incubação inclui ajuda com a modelagem básica do negócio, conecta a startup ao ecossistema de inovação em que estão os investidores e treina o empreendedor para o momento da apresentação do plano de investimento.

Aceleradoras

As aceleradoras proveem às startups mais do que um espaço e conexão, como as incubadoras. Elas desenvolvem um processo que passa pelo apoio na formatação dos times, mentoria, treinamento e investimento em troca de uma participação acionária que, em geral, é bem baixa.

Investimento-anjo

O investidor-anjo é uma pessoa física que, com capital próprio, investe em startups iniciantes e com alto potencial de crescimento. O investidor-anjo busca investir em negócios com alto potencial de retorno. O valor investido pelo anjo é baixo, porém, nesse caso, se aplica o importante conceito de *"smart money"*, em que o empreendedor tem enormes oportunidades de usar o conhecimento e a experiência do investidor a favor de seu negócio. É uma espécie de parceria que faz a pessoa física que investe dinheiro dedicar também tempo e capital intelectual para ver o negócio da startup crescer e apoiar o empreendedor na tomada de decisões. Transparência e *compliance* são fundamentais.

Capital semente (*seed*)

O capital semente pode ser aportado por pessoas físicas ou jurídicas. É uma forma de aporte parecido com o anjo, porém a startup já está em fase de implementação e organização de operações. O aporte de capital, nessa fase, comumente, é para estruturação do negócio e do time e aumento da capacidade financeira. Muitas das startups são apresentadas aos investidores pelas aceleradoras.

Pelo lado dos investidores, essa rodada é ideal para quem está buscando diversificar sua carteira de investimentos, na ideia de aportar em várias empresas para aumentar as chances de alcançar bons retornos no geral.

capítulo 4

Entre o investidor-anjo e o *seed*, muitas startups podem precisar de um investimento *pre-seed*. Se comparados aos dos Estados Unidos, os valores de investimento no Brasil são baixos e muitas startups precisam de um passo a mais de preparação para entrar no mercado que antecede as rodadas de *venture capital*. Por isso, a decisão desse investimento não é voltada somente ao *range* de valores, mas também ao propósito e à destinação do investimento.

Venture capital

Venture capital, em português, significa "capital de risco", ou "capital empreendedor". Com bastante frequência, é usada a sigla VC para indicar o investidor que injeta dinheiro em empresas em troca de participação societária. Esses investimentos podem ser feitos por meio de fundos ou veículos próprios de investimento e são mais comuns em empresas com alto potencial de crescimento. O foco dos investidores de VC são empresas que já tenham uma estrutura rodando, alguns clientes consumindo e dados de faturamento e projeções de rentabilidade sendo comprovados.

Private equity

Na outra ponta, os investidores de *private equity* têm foco em empresas já consolidadas. Apesar de muitas empresas, nessa fase, ainda serem consideradas startups, a realidade é que a maturidade empresarial exigida para esse investimento seja mais avançado. O trabalho de prospecção dos investidores líderes de *venture capital* e *private equity* é muito grande. Há um padrão usado nos mais diversos fundos que aprofunda as análises sobre os fundadores, avaliação sobre o tamanho do mercado e viabilidade do produto ou serviço a ser lançado e o valor que entrega ao mercado consumidor. Essas informações fornecem o principal filtro para nortear a decisão dos demais investidores a caminho do investimento final (*deal flow*).

A Figura 4.1 ilustra as fases de investimento com seus respectivos valores aportados, o percentual de *equity* e, em média, o *valuation* da startup em cada fase. Claro que não é uma regra, mas os dados representam uma grande parcela das operações realizadas no mundo.

Figura 4.1 – Fases de investimento

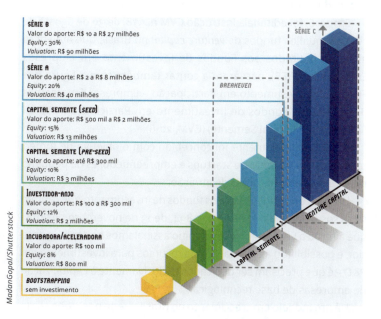

Fonte: Elaborado com base em Hepler, 2019.

Por serem os principais operadores do investimento para startups, é importante conhecer a composição dos fundos de investimento no Brasil.

Fundos de investimento são empresas especializadas em gerir recursos de um grupo de investidores que se unem para fazer uma aplicação financeira. Essa aplicação tem as mais variadas formas e tipos de carteiras, uma instituição é responsável pela aplicação e os investidores adquirem cotas desse investimento formando um "condomínio". Os gestores de carteiras de investimento são pessoas jurídicas e devem cumprir as exigências da Instrução CVM n. 558, de 26 de março de 2015, assim como ser previamente autorizados pela Comissão de Valores Mobiliários (CVM, 2015).

A legislação para fundos é diferente em cada país. No Brasil, os Fundos de Investimento em Participação (FIP), ou Fundos Mútuos de Investimento em Empresas Emergentes (FMIEE), são regulados

capítulo 4

pela CVM por meio das Instruções n. 391, de 16 de julho de 2003 e n. 209, de 25 de março de 1994, respectivamente (CVM, 2003; 1994). Em 2016, foi editada a Instrução CVM n. 578, de 30 de agosto de 2016, na qual os fundos de *venture capital* no Brasil, que até então estavam limitados aos Fundos de Investimento em Empresas Emergentes (FIEE), passaram a contar também com a figura dos Fundos de Investimento em Participação – Empresas Emergentes (FIP-EE) e dos Fundos de Investimento em Participação Capital Semente (FIP Capital Semente) (CVM, 2016).

O FIP Capital Semente foi concebido com o objetivo de fomentar o desenvolvimento de startups e empreendedores de pequeno porte em diferentes áreas de atuação.

Uma particularidade para os fundos de investimento que captam recursos a partir da Portaria n. 5.894, de 13 de novembro de 2018 – que alterou a Lei de Informática, como assinalamos no capítulo anterior, e possibilitou a destinação dos recursos para investimento em P&D – é que precisam ser dedicados exclusivamente à capitalização de empresas de base tecnológica.

Há um modelo em crescimento no Brasil que se posiciona como alternativa anterior ao estágio *venture capital*, é o *venture builder*.

O **venture builder** é uma empresa que cria ou investe em startups em estágio iniciante e coloca estrutura, rede e conhecimento à disposição de seu crescimento. Assim, o investidor diminui o risco e desenvolve um processo contínuo de aceleração. Há muitas variáveis nos formatos operacionais e nos objetivos de uma *venture builder*, que pode desenvolver startups para resolver demandas internas ou investir em ideias já validadas. O fato é que esse modelo aproxima o investidor do empreendedor, atuando por muitas vezes no seu dia a dia.

No Glossário deste livro, listamos muitos termos importantes do mundo das startups, mas repetiremos três deles aqui, pois é fundamental estar familiarizado com eles neste ponto da leitura.

O primeiro deles é **aporte**, que significa subsídio, contribuição. Aporte é mais usado no mundo empresarial como uma contribuição financeira, o valor investido para determinada finalidade.

O segundo é **equity**, termo em inglês que significa "capital próprio". No mundo empresarial, corresponde ao patrimônio líquido da empresa. Também é utilizado para designar as partes correspondentes de cada acionista ou carteira de investimentos. Para o setor financeiro, é o valor total dos ativos em uma conta de investimento. Com frequência esse valor é indicado em percentual, representando a porcentagem dos lucros da empresa a que o investidor tem direito.

O terceiro é **valuation**, termo em inglês que significa "avaliação de empresas", "valoração de empresas" e "arbitragem de valor". Para esse termo, é preciso aprofundar alguns pontos.

Na prática, o *valuation* é um conjunto de métodos financeiros para determinar o valor justo de um negócio. Esse tem sido um ponto crítico na negociação entre empreendedores e investidores. O amadurecimento do mercado brasileiro, tanto para as startups quanto para os investimentos, tem exigido tratar esse dado de forma mais e mais técnica.

Kepler e Oliveira (2019) consideram o tema como uma ciência que serve para atribuir preço de mercado a uma empresa. Os números devem ser proporcionais à projeção dos rendimentos que a empresa é capaz de gerar. Para isso, podem ser usadas diversas metodologias.

A mais utilizada é o **fluxo de caixa concentrado**, em que são considerados o fluxo de caixa projetado e o valor potencial de perdas ao longo do tempo. O fluxo de caixa projetado para os próximos períodos é somado à taxa de desconto baseada no risco para o mesmo período.

Outra metodologia é a de **múltiplos mercados** em que a comparação com empresas do mesmo setor indica o valor de mercado. Normalmente, o indicador analisado é o faturamento ou o lucro, mas usuários ativos ou assinantes também são dados importantes para empresas com soluções de internet.

As informações levantadas para a definição do *valuation* ainda levam em conta o crescimento, a lucratividade, o mercado, concorrência, situação organizacional da empresa, as ameaças tecnológicas e legais, e o capital humano. Enfim, todo o esforço de organização, metodologia e fundamentação do negócio é recompensado na avaliação da startup.

capítulo
4

Existem empresas de contabilidade especializadas nesse cálculo que podem auxiliar tanto o empreendedor quanto o investidor nesse momento.

Já mencionamos o **breakeven**, o ponto de equilíbrio da empresa. Trata-se daquele momento em que ainda não há lucro, mas as despesas e as receitas se nivelam.

O **deal flow**, termo em inglês que significa "fluxo de negócios", é usado por profissionais de finanças, principalmente investidores, para se referir à taxa pela qual eles recebem propostas de negócios. É aplicado no final do processo de investimento.

Tão valioso quanto o montante financeiro investido é a mentoria que o investidor dá para a startup. O **smart money** é uma espécie de parceria em que a pessoa física que investe dinheiro também dedica tempo e capital intelectual para ver o negócio da startup crescer e apoiar o empreendedor na tomada de decisões.

Dito isso, faremos algumas considerações antes de passarmos para a preparação necessária para a startup entrar no jogo do investimento.

Precisamos ter em mente que o investidor é uma espécie de sócio da empresa, portanto buscar o ótimo relacionamento com ele é imprescindível para melhores resultados. Lembremos que o *smart money,* muitas vezes, proporciona maiores ganhos para o negócio do que o próprio dinheiro.

Buscar um investimento é também encontrar um investidor e saber como ele se relacionará com a empresa e com o time. É preciso se certificar de que ele compartilha a cultura da startup e acredita no negócio. Afinal, o investimento é o meio para conquistar o sucesso, não é o sucesso em si.

O investidor valoriza o empreendedor; por isso, proatividade, coragem, visão e conhecimento do mercado são diferenciais para conquistar bons investidores. No entanto, dificilmente, se consegue sair do zero investimento para muitos milhões de reais. A captação de recurso é um processo em que tanto a startup quanto os investidores devem seguir passo a passo.

Ao montar um plano de investimento, deve-se ter isso em mente para definir fases do projeto com metas para cada aporte. Conforme já pontuamos, cada perfil de investidor tem um valor a ser disponibilizado. Ao fasear o plano de investimento, também se identifica qual tipo de investidor se deve procurar.

Se o produto ainda estiver sendo desenvolvido em *bootstrapping*, mas já não há fôlego financeiro, uma boa maneira de captar é buscar o primeiro aporte para finalizá-lo com investidor-anjo ou aceleradoras. Depois, devem ser alavancadas as vendas para se conquistar uma primeira faixa importante de clientes com apoio de capital semente. Na sequência, pode-se pensar nos valores (e metas definidas) na hora do *venture capital*. Uma sugestão é buscar apoio de empresas que suportam os empreendedores nessa fase, como a Endeavor e o Founder Institute.

Empresas como essas preparam a empresa para estar em frente ao investidor. Alguns podem pensar que esse assunto é simples, mas a capacidade de contar a história, explicar a dor que se pretende resolver e dizer, claramente, o que se está pleiteando faz a diferença entre conseguir ou não um investimento.

Conceito e técnicas para construção de *storytelling* (narração de história)

Storytelling é a arte de contar, desenvolver e adaptar histórias utilizando elementos específicos. Na etapa de *design thinking* da ideia, são criadas personas. Idealiza-se o consumidor, como ele iria consumir o produto ou serviço.

Pois bem, se fosse necessário explicar o produto para o consumidor, será que ele entenderia melhor ao ouvir a lista das características do produto ou a história que motivou sua criação?

As histórias contêm uma narrativa emocional, fazem o expectador se identificar ou, no mínimo, se engajar com o fato narrado.

Entretanto, não basta contar qualquer história. O *storytelling* tem uma estrutura com início, meio e fim. Essa estrutura orienta como montar o *case* do negócio.

Não há uma receita fechada sobre a construção da história, mas é recomendável identificar um personagem, definir um ambiente, mostrar o conflito e deixar uma mensagem clara. Essa é a estrutura mais utilizada em filmes publicitários e infantis.

capítulo

4

Filmes de animações seguem essa estrutura quando apresentam o mundo encantado e seus personagens engraçados e cruéis. Um personagem realiza algo extraordinário ao percorrer um longo percurso cheio de aventuras e sofrimento até retornar com a recompensa e uma lição para todos aprenderem. Algumas histórias a que assistimos nas grandes telas foram inspiradas pelos pensamentos e ideias do mitologista e escritor Joseph Campbell. Sua obra *The Hero with a Thousand Faces* (*O herói de mil faces*), publicada originalmente em 1949, reforça a ideia de que tudo começa com uma história e de que existe uma sequência típica percorrida pelo herói, que pode ser observada em histórias do mundo inteiro (e de vários tempos), e que o conduz em uma jornada. A cada estágio da jornada do herói, a história se completa em sua narrativa.

4.3 Preparação de startups e empreendedores para apresentar o negócio

Na hora de expor a startup em uma *demo day*, apresentar para investidores, buscar parceiras ou, até mesmo, fazer uma proposta para que um profissional desejado se junte ao time, é preciso estar preparados. A elaboração do *pitch deck*, usando técnicas de apresentação, criar uma relação ou *rapport* são passos importantes que precisam ser cuidadosamente planejados.

4.3.1 Para as startups, o *pitch* é a história

Investidores ouvem dezenas, centenas de apresentações de produtos e serviços (*pitches)* por semana ou por mês. É muito interessante observar que existem ideias de produtos e serviços similares em locais totalmente diferentes. Quanto mais experiente é o investidor, mais comparações ele fará com outras apresentações a que já assistiu ou produtos com que já teve contato.

Neste capítulo, já discorremos sobre o mundo dos investidores, já explicamos que encontrar o investidor certo é o primeiro desafio nessa jornada. Então, não se pode perder a oportunidade de chamar a atenção do investidor, se fazer notar e garantir que ele entenda que o produto é genial e tem tudo para ser um sucesso.

Tudo isso é feito sob pressão do relógio. Defender a ideia do negócio em poucos minutos é uma tarefa complicada e exige treino – normalmente, a explanação deve durar de 3 a 8 minutos, mas há boas oportunidades em que se tem apenas 1 minuto para falar. Então, é interessante preparar os amigos, a família e os colaboradores para serem boas cobaias nesse processo.

4.3.2 Pitch deck

O documento a ser apresentado é chamado *pitch deck* – uma sequência de 10 a 20 *slides* para apresentar a startup ao investidor. O conteúdo pode variar, mas existe uma estrutura muito usada pelo mercado que serve de base:

1. **Introdução**: o que a empresa faz.

   Conta-se a história de como a empresa foi fundada de forma concisa, mostra-se o produto ou serviço, seu mercado e o valor que entrega ao consumidor. Também se explica por qual motivo esse valor diferencia-o da concorrência, e prova-se com dados de clientes, vendas etc.

2. **Oportunidade**: qual a "dor" que a startup irá resolver.

   Vale contar como é a dificuldade do dia a dia do cliente, por que isso é um problema, como ele é tratado atualmente.

   Mostra-se também, com dados, o tamanho da oportunidade de resolver esse problema, considerando-se o mercado total possível (MTP), o mercado total disponível (MTD) e o mercado-alvo.

Ademais, deve-se apontar as projeções futuras com e sem o produto nesse mercado (isso pode consumir um um tempo importante da apresentação).

3. **Solução**: momento para o produto ou serviço brilhar.

   Demonstra-se a solução, criando uma experiência para os investidores ao tratá-los como clientes. Devem ser esclarecidos os diferenciais, os principais atributos, a estratégia, a tecnologia empregada, a propriedade intelectual e, principalmente, a capacidade de escalar da solução – essa informação faz o olho do investidor brilhar. Se houver tempo, detalham-se processos gerenciais e oportunidades de produção (esse tópico também ocupará um tempo importante da apresentação).

4. **Concorrência**: concorrentes são fundamentais para qualquer negócio.

   Mesmo que o produto seja inovador, uma solução única, de alguma forma o cliente resolvia o problema antes dessa criação.

   Devem, então, ser elencadas as vantagens competitivas do negócio frente à concorrência, as ameaças e oportunidades da startup e dos concorrentes. Essa é a fase em que mostra ter visão de futuro, levando em conta potenciais entrantes, mudanças de tecnologias etc. Além disso, esclarece-se a posição no mercado (novo mercado, nicho, uma fatia do setor existente).

5. **Modelo de negócio**: como o negócio monetiza.

   Faz-se uma breve retomada e explica-se a estratégia. O investidor quer perceber a capacidade de escalar e de gerar lucro apresentada pela startup. Todas aquelas métricas (KPIs) serão colocadas à prova pelo investidor. Mesmo que não se consiga falar, os números ficam visíveis ou reservados para o momento de perguntas – CAC, LTV, CPV etc.

   Evidencia-se a estratégia para reter clientes, os resultados do *customer success*, o histórico financeiro e as projeções.

6. **Time**: quem faz a empresa acontecer. Demonstra-se que a startup reúne pessoas qualificadas e descreve-se a principal experiência de cada um. Citam-se os líderes nas áreas estratégicas para alavancar o negócio. Apresentam-se também os profissionais que apoiam o crescimento da empresa – os conselheiros e *advisors*. Se houver tempo, comenta-se quais áreas ainda precisam ser melhoradas e mostra-se transparência sobre deficiências.

7. ***Call-to-action***: o que se solicita do investidor. Parece incrível, mas, nem sempre, fica claro, ao final do *pitch*, o que o empreendedor quer. Claro, esse ponto depende muito do tipo de *pitch* que está sendo feito. Existem momentos em que se busca visibilidade, então, algumas informações não precisam ser tão detalhadas. Mas, se a banca for composta por "donos de cheques", não se deve deixar restar dúvida sobre o valor que se está solicitando e em que se pretende aplicá-lo. Também se revela qual relação com o investidor se intenciona ter, qual o *valuation* da startup, quais as expectativas futuras e quais os prazos para acontecerem.

Tudo isso deve ser feito num tempo médio de 5 min. Eis aí a razão para se estar muito preparado. A dificuldade de dominar o conteúdo e o tempo limitado devem ser somados ao nervosismo de estar falando com pessoas que, possivelmente, não são conhecidas. Não tem outro jeito para que isso dê certo. É crucial se preparar.

Outro ponto fundamental: ser muito sincero. O investidor está preparado para investir seu dinheiro em um projeto de alto risco. O investimento será de médio/ longo prazo e a natureza de uma startup é não estar "pronta". Então, não se deve, em hipótese alguma, mentir sobre pontos fracos ou superestimar o valor do negócio; é imperioso expor fraquezas em busca de mentoria para superá-las. Lembremos que a grande maioria dos investidores em startups são também mentores e isso é o que mais os motiva.

capítulo 4

Outra dica relevante para a preparação: pesquisar sobre os membros que comporão a banca ou os investidores que irão assistir ao *pitch*. É bom saber quais e quantos investimentos fizeram, a instituição a qual pertencem, procurar conteúdo para entender que tipo de perguntas eles costumam fazer, qual a tese que lhes interessa (sim, estamos sugerindo ser um *stalker* nesse caso).

Muitas empresas têm *expertise* para apoiar o empreendedor na elaboração do conteúdo. A Abstartup, por exemplo, em uma publicação de Luiza Zambrana (2017), apresenta exemplos de *pitch decks* de empresas como Airbnb, Buzzfeed, Youtube, LinkedIn, Facebook, e disponibiliza um arquivo para edição do documento. O documento contém comparativos dos principais elementos utilizados nas apresentações.

Quadro 4.1 – Semelhanças e diferenças entre tópicos dos *pitch decks* mais usados

	Dave McClure	Guy Kawasaki	Sequoia Capital	Next View	AirBnB	Chance Barnett
Problema	●	●	●	●	●	●
Proposta de valor	●	●	●	●	●	●
Marketing validation			○	○	○	
Produto	○		○		○	○
Tamanho do mercado	○		○	○	○	○
Modelo de negócio	●	●	●	●	●	●
Underlying magic	○	○		○		
Competição	●	●	●	●	●	●
Vantagem competitiva	○				○	
Go to market	○			○	○	○
Equipe	●	●	●	●	●	●

(continua)

(Quadro 4.1 – conclusão)

	Dave McClure	Guy Kawasaki	Sequoia Capital	Next View	AirBnB	Chance Barnett
Board/ Conselho			🔵	🔵		
Tração/ Validação	🔵	🔵			🔵	🔵
Depoimentos					🔵	🔵
Fundraiser	🟡	🟡	🟡	🟡	🟡	🟡
Finanças		🔵	🔵	🔵		🔵

🟡 Itens que mais se repetem
🔵 Itens que menos se repetem

Fonte: Abstartups, 2021b, p. 4.

4.3.3 O que é *elevator pitch* e como desenvolver uma apresentação vencedora

Imagine que o empreendedor entra no elevador de um edifício comercial e reconhece um dos investidores do Shark Tank Brasil (programa da Sony Channel Brasil). Temos um minuto para convencê-lo a lhe dar uma chance de um novo encontro – esse é o conceito do **elevator pitch.**

Nesse caso, é preciso focar na informação essencial e matadora do negócio. Algumas formas para montar essa apresentação são:

> ■ Descrever o produto e seus diferenciais:
> 1. PARA (público-alvo)
> 2. QUE (necessidade ou uma oportunidade para)
> 3. O (produto ou serviço)
> 4. É COMO (categoria de produto ou serviço)
> 5. DIFERENTEMENTE DE (concorrente principal)
> 6. NOSSO PRODUTO (diferença principal)

capítulo 4

> - Ou descrever a dor que o produto resolve:
>   1. A (empresa)
>   2. resolve (problema)
>   3. por meio de (vantagens/benefícios)
>   4. para ajudar (público-alvo)
>   5. a alcançarem (objetivo)
>   6. O modelo de negócios envolve cobrar (clientes)
>   7. por (benefício que motiva compra)

4.3.4 *One pager* e sumário executivo: como se preparar para contatar o investidor

Agora suponha uma situação diferente: o empreendedor conseguiu um contato com um investidor que lhe solicitou que enviasse uma apresentação por *e-mail*. É uma oportunidade, mas é preciso ter capacidade de apresentar a startup, seu diferencial e a proposta em uma página. Esse documento é conhecido como **sumário executivo**, ou *one pager*. O desafio desse documento é a objetividade.

Ele precisa conter os principais pontos do *pitch deck* de uma forma clara e atraente. Uma boa ideia é utilizar infográficos, recursos gráficos e planilhas comparativas, evitar textos longos e organizar o *layout* para que o leitor siga o fluxo correto de leitura.

Conhecimentos de *design* são bem-vindos nessa montagem, definindo-se as áreas do *layout* para as quais o leitor tem de olhar primeiro. Também se deve atentar para a composição de cores a fim de que o momento da leitura seja uma experiência agradável.

Esses são exemplos de abordagem, eles podem ser usados em um encontro com um possível parceiro, um fornecedor interessante ou até mesmo um novo sócio. A escala e a lucratividade são sempre pontos de grande interesse de qualquer *stakeholder*.

Mas não é só o conteúdo e o formato da apresentação que importam. Persuadir pessoas para apostarem em ideias e produtos requer habilidades de oratória e expressões corporais que podem (e devem) ser aperfeiçoadas pelos empreendedores.

Existem pessoas que têm mais facilidade para falar, isso tem relação com perfil comportamental. Carl Jung (2013), fundador da psicologia analítica, afirma existirem duas tendências básicas de personalidade: 1) o tipo introvertido e 2) o tipo extrovertido; cada indivíduo desenvolve uma preferência ao longo da vida. Isso não quer dizer que não se possa desenvolver as duas, mas, se houver essa diferenciação entre os sócios, deve ser preparado aquele que tiver mais recursos comportamentais para esse momento.

Buscar apoio nas ciências que estudam o comportamento humano tem sido bastante comum no mundo empresarial. Nesta obra, por exemplo, já abordamos a mudança do RH, o *design leadership*, a importância dos *softskills* e da empatia, e como questões comportamentais afetam diretamente o negócio. Essa tendência trouxe uma linha de estudo e de atuação ao dia a dia das startups como o *rapport*, do francês *rapporter*, que significa "trazer de volta"; "criar uma relação".

Muito estudado na programação neurolinguística (PNL), o *rapport* é usado por times de vendas e negociação como apoio para iniciar negociações e desenvolver parcerias. Mais do que uma relação comercial, a técnica exige uma demonstração verdadeira de interesse pela opinião e pensamentos do outro. É uma relação que suspende qualquer julgamento e se dá pela confiança adquirida.

Apesar de ser um comportamento autêntico, muitas vezes desenvolvido de forma orgânica nas relações, existem algumas técnicas que podem ser praticadas na startup.

José Roberto Marques (2019), do Instituto Brasileiro de Coaching, elenca diferentes maneiras para estabelecer o *rapport* com alguém, as mais usadas são:

capítulo 4

> **Técnica do espelhamento** – é a mais famosa e consiste em observar a linguagem corporal do interlocutor, como postura, gestos, expressões faciais, respiração, e incorporar gradativamente esses comportamentos. Deve ser usada com cuidado, pois espelhamento é diferente de imitação.
>
> **Técnica da reciprocidade** – essa técnica consiste em compartilhar interesses, formando uma cadeia de troca positiva de conhecimento e relacionamento. Prestar atenção em comportamento que gere reciprocidade ajuda na melhoria do relacionamento com *stakeholders*.

Segundo Marques (2019), equilibrar os elementos que gerem *rapport* é a chave para estabelecer uma relação e prender a atenção do interlocutor. Entre esses elementos, podemos citar o contato visual, a expressão facial, a postura corporal, o tom de voz, o andamento (*timing*), o volume, a comunicação verbal e a não verbal. Trabalhados de forma integrada durante uma apresentação, tais aspectos geram impacto em todos os sentidos dos expectadores e conduzem a mensagem de forma a alcançar os resultados esperados.

Na prática, atitudes como sorrir, tratar o outro pelo nome, ser otimista e ter paciência podem ser treinadas como técnicas de negociação.

Mesmo se a relação for pela internet, observar o tom do texto e espelhar algumas palavras são ações aconselháveis. Se a pessoa estiver respondendo em um tom mais informal, convém manter a informalidade nas respostas. Em mensagens de celular, deve-se dar atenção para os tamanhos de texto, quantidade de mensagens e mensagens de áudio. Há espaço para *emojis* e gírias se o outro lado der essa abertura. Isso gera reciprocidade, estabelecendo laços importantes para futuros projetos e negociações.

Certamente a startup terá dezenas e até centenas de oportunidades de apresentar seu *pitch* para os mais diversos espectadores. Um evento cada vez mais comum é o chamado *demo day*. Muitas grandes empresas, grupos de investidores ou instituições públicas têm demonstrado progressivo interesse em conhecer e estabelecer relações comerciais com startups, justamente pelo modelo de negócio ágil, inovador e focado no consumidor.

São muitas as maneiras de fazer isso, uma muito conhecida é promover uma maratona de *pitches* em que empreendedores mostram suas soluções para determinado segmento ou para tratar uma "dor" específica. Essa maratona também pode acontecer ao final de um período de aceleração, incubação ou mentoria.

Na prática, o *demo day* é um grande encontro que reúne investidores, potenciais clientes e/ou parceiros em que os empreendedores têm a oportunidade de demonstrar todo seu potencial para o mercado. Há vantagens tanto para as startups, que, muitas vezes, têm ganhos financeiros por seu desempenho, quanto para as empresas, que oferecem inovação para seus mercados ao cocriarem soluções.

4.4 Conceitos de *cap table*

e estruturação de planejamento financeiro para preparar a rodada de investimento

Forma e conteúdo andam juntos no momento da busca de investimento. Preparar a startup para a rodada de negócio exige planejamento financeiro e isso deve ser demonstrado para o mercado de investidores. Uma forma de evidenciar a maturidade da startup é apresentar seu **cap table** – do inglês, "tabela de capitalização acionária" da empresa.

capítulo 4

Citaremos, adiante, exemplos de participações esperadas para cada fase de investimento, mas o importante aqui é entender que, com esse documento, o investidor tem a informação real da diluição de capital em cada rodada de investimento.

Essa informação também é fundamental para guiar os fundadores na tomada de decisão do percentual de que estão dispostos a abrir mão em cada rodada e para quem, (investidores, outros proprietários, funcionários etc.).

Mesmo que as rodadas de investimento estejam no início, é importante dispor dessa tabela com a demonstração de como estão organizadas as participações societárias da startup. Ter um *cap table* atualizado pode ser o diferencial para conquistar o investidor.

No começo, pode parecer simples, porém, após algumas rodadas de investimentos, os percentuais podem ficar muito complexos; por isso, a importância de manter a organização desde seu princípio.

A Darwin Startups (2019), aceleradora de startups, indica três pontos críticos referentes ao *cap table*:

1. É um risco quando, depois de uma rodada inicial, a equipe fundadora + ESOP* for menor que 50% da participação acionária da startup.
2. Quando o proprietário de um percentual importante do negócio não está mais ativamente nele e/ou o *equity* foi conquistado sem ter investido dinheiro e trabalho. Isso é considerado um *"equity morto"* e um risco.
3. Apesar de ser uma opção valiosa para atrair e reter talentos, o *pool* para funcionários deve ser muito bem gerenciado para não se perder o controle sobre as cotas da startup.

Existem vários *softwares* disponíveis que podem ajudar a construir o *cap table*. A Darwin Startups (2019) compartilha um guia norteador sobre os percentuais desejáveis (que não são uma regra) para a startup:

---

* Esop é a sigla, em inglês, para *employee stock ownership plan*. É um plano de propriedade de ações de funcionários.

Tabela 4.1 – Tabela de *ownership* em seus vários estágios de financiamento

	Founding	Fundadores	**80%**
		Pool de funcionários	**20%**
	Investimento-anjo	Fundadores	**67%**
		Pool de funcionários	**17%**
		Anjos	**17%**
	Rodada *seed*	Fundadores	**44%**
		Pool de funcionários	**11%**
		Anjos	**11%**
		Seed	**33%**

Fonte: Darwin Startups, 2019.

Se, na equipe, não existem profissionais preparados para executar essa tarefa, esta pode ser terceirizada contratando-se um serviço de contabilidade ou advocacia especializado.

A participação de investidores no negócio é um importante estágio e aumenta em muito a necessidade de adotar boas práticas de governança. Deve-se atentar para os desafios com transparência, organização com informações e relacionamento com *stakeholders*.

No Brasil, existem várias instituições que protagonizam o tema governança empresarial. Uma delas é o Instituto Brasileiro Governança Corporativa (IBGC), cujo objetivo é o desenvolvimento de melhores práticas de governança corporativa no país. Outro, mais recente, é o GoNew.Co, uma comunidade de governança e nova economia que se organiza como um movimento de pares seguindo o conceito de *lifelong learning*, que tem como objetivo difundir práticas para empresas velozes e corretas.

O IBGC (2015) indica três fundamentos de governança para o primeiro momento de investimento para investidores-anjo e aceleradoras: 1) indicação de diretores; 2) transparência; 3) acesso às

capítulo 4

instalações, informações e arquivos. Do conceito de *growth governance* deriva o quarto fundamento: o *board of advisors*.

À medida que as rodadas aumentam, cresce a necessidade de ampliar os fundamentos e a estrutura, com a criação de conselhos e de políticas e aspectos jurídicos e societários. E, mais tarde, surge a necessidade de criação de comitês e controles.

Segue-se, então, para o próximo nível, com organização, persistência, visão e paciência; assim, tem-se a certeza de que a startup crescerá de forma exponencial e sustentável.

4.5 Composição societária
e formalização de acordos com investidores

> Uma das coisas de que gosto muito é falar com estudantes, dentro de universidades. A vibração, os olhos cheios de sonhos e ávidos por conhecimento sempre me encantam. Mas a constatação de como não somos preparados para o empreendedorismo também me surpreende.

Na cultura norte-americana, o empreendedorismo é uma habilidade que se ensina desde a infância. Um exemplo é o *Lemonade Day*, um programa que ensina os jovens a iniciar, possuir e operar seus próprios negócios – uma banca de limonada. A cada ano, nas cidades participantes, os jovens têm a oportunidade de experimentar o empreendedorismo montando seus negócios durante o Dia da Limonada em toda a comunidade da cidade. O desenvolvimento de conhecimento, como habilidades de negócio, responsabilidade, letramento financeiro, ajuste do objetivo e trabalho em equipe são ganhos diretos do projeto, que proporciona muito resultado para a vida desses jovens. Um percentual muito grande dos adultos participantes diz que o Dia da Limonada ajudou os jovens a correlacionar a matemática com o mundo real!

No contexto nacional, não é raro o o potencial empreendedor descobrir sobre o processo de abertura de empresas, questões tributárias e legais apenas quando tem essa necessidade. E, por ser um tema que escapa a seu conhecimento, acaba por tratá-lo como menos relevante na construção de seu negócio. Ledo engano. Você já parou para analisar o conceito de sociedade? O Código Civil Brasileiro – Lei n. 10.406, de 10 de janeiro de 2002, no art. 981, oferece uma definição básica de sociedade: "Celebram contrato de sociedade as pessoas que reciprocamente se obrigam a contribuir, com bens ou serviços, para o exercício de atividade econômica e a partilha, entre si, dos resultados" (Brasil, 2002). Sem perceber, colocamos em prática diariamente normas e regras acordadas previamente a partir de um contrato, de um código de conduta. Essas regras indicam o que devemos, o que podermos (ou não) fazer.

Da mesma forma, regras preestabelecidas têm o papel de manter a harmonia e diminuir conflitos no mundo privado. Mesmo antes de se estipular instrumentos legais mais elaborados, é importante que se indiquem regras mínimas, um código de conduta para parcerias que estejam nascendo na startup. Uma forma interessante de formalizar uma parceria inicial antes da formalização legal é o chamado **memorando de entendimento** (MOU, do inglês *memorandum of understanding*). Esse documento tem inúmeras aplicações, e as mais comuns são as que tratam de questões de propriedade intelectual e acordos societários. É uma excelente ferramenta para definir acordos operacionais, fluxos de trabalho e situações futuras para quando a empresa for formalizada.

Vale, também, listar os principais tipos de empresas que a legislação brasileira possibilita constituir. Além disso, é importante contatar os órgãos responsáveis pelo registro empresarial, conforme a necessidade. O Cartório de Registro das Pessoas Jurídicas, a Receita Federal, a Secretaria da Fazenda, o Instituto Nacional do Seguro Social (INSS), a prefeitura da cidade, entre outros.

O Serviço Brasileiro de Apoio às Micro e Pequenas Empresas (Sebrae) é uma importante instituição de apoio ao empreendedorismo

capítulo 4

com atuação estadual e nacional, tradicionalmente para pequenos negócios, mas, nos últimos anos, também tem atuado bastante com startups.

Em seu portal, o Sebrae lista os tipos de empresas mais comuns e suas características para apoiar a decisão no momento de abertura ou reenquadramento por faturamento, mas sugerimos sempre buscar apoio de um profissional para a definição do negócio. A seguir, algumas definições que valem ser destacadas:

- Empresário individual é aquele empreendedor que atua sem sócio. Pode exercer vários tipos de atividade, com exceção de serviços de profissão intelectual.
- Microempreendedor individual (MEI) é o empresário individual que tem como receita bruta máxima 81 mil reais/ano (durante a produção desta obra, está em votação no Senado um projeto de lei que propõe ampliar esse teto).
- Sociedade simples é aquela em que há dois ou mais empreendedores com responsabilidade limitada ao capital social da empresa.
- Sobre a sociedade limitada unipessoal, a Lei da Liberdade Econômica alterou essa modalidade que pode ser constituída na forma unipessoal ou pluripessoal.

Vale lembrar o que comentamos quando tratamos da Lei das Startups: para essa modalidade, o modelo de negócios mais adequado é o de sociedade anônima simplificada (SAS).

Para além das formalidades legais, que devem ser decididas com atenção pelos sócios, há outras preocupações que o acordo de sócios trata sobre o andamento do negócio.

4.5.1 Acordo de sócios

É muito comum que as startups, por sua natureza ágil e dinâmica, nasçam do ímpeto e dos sonhos de seus fundadores, tão preocupados com seus produtos, que deixam as formalidades para depois. Como apontamos: isso faz parte da cultura nacional.

Também é muito frequente que muitos bons negócios tenham seu crescimento atrapalhado por divergências entre seus fundadores. Assim como um seguro de automóvel ou um pacto antenupcial, um acordo de sócios pode ser muito valioso se alguma coisa der errado.

Pensando em governança na nova economia, Anderson Godzikowski (2018) propõe um *canvas* da governança como um modelo amigável para incentivar o alinhamento entre os sócios, investidores e demais *stakeholders* e pode anteceder a criação legal do acordo.

No quadro reproduzido na Figura 4.2, ele propõe que elementos de dimensões diferentes sejam discutidos e, quanto mais forem mantidos em acordo, menor o risco de que uma inovação seja afetada por desalinhamentos entre sócios e investidores.

Figura 4.2 – *Board canvas* de governança

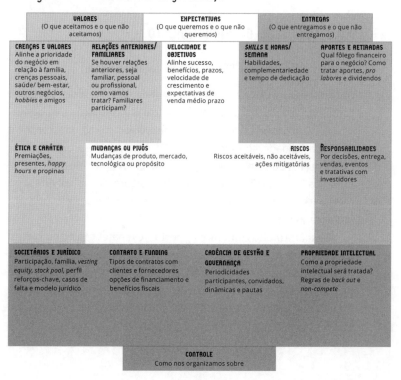

Fonte: Godzikowski, 2018, p. 123.

capítulo
4

O *canvas* de governança pode ser um excelente primeiro passo para a formalização do **acordo de sócios**, ou acordo de acionistas (depende do tipo societário), que é um instituto previsto no art. 118 da Lei n. 6.404, de 15 de dezembro de 1976 (mais conhecida como a Lei das S.A.), muito utilizado atualmente, tanto pelas sociedades anônimas quanto pelas limitadas. É um documento celebrado entre os sócios (ou acionistas), no qual ficam estabelecidas regras próprias em relação à sociedade (Brasil, 1976).

De forma simplista, poderíamos resumir o acordo de sócios em duas questões centrais: 1) quem manda na sociedade e 2) como se entra ou sai da sociedade. Entretanto, é importante aprofundar a formalização para que sejam previstas questões relacionadas a valores, expectativas, entregas e controle entre os sócios.

Um benefício adicional do acordo de sócios é apresentá-lo a investidores durante uma negociação.

4.5.2 Operação de investimento

Conceitos e técnicas para NDA (acordo de confidencialidade)

Um tema sensível por parte do empreendedor é o que diz respeito à confidencialidade. Para garantir o sigilo das informações, é possível assinar, com o investidor (mentor, desenvolvedor etc.), um acordo de confidencialidade, conhecido como **NDA** (*non disclosure agreement*).

As partes que o assinam concordam em manter em sigilo determinadas informações para evitar que algum dos envolvidos, ou mesmo terceiros, tenham acesso a essas informações e as utilizem indevidamente.

Apesar de muito comum, é importante ter atenção no momento de solicitar a assinatura desse acordo, principalmente, para investidores. De acordo com seu perfil, a solicitação antecipada do NDA pode afugentar o investidor. Por ser um documento de comprometimento legal, dificilmente ele irá assiná-lo antes de conhecer o projeto e se envolver com ele. No entanto, é possível suprimir dados sensíveis da apresentação deixando para mostrá-los em outro momento.

Como não há consenso no mercado, é possível conversar abertamente com o investidor sobre esse tema sensível e alinhar com ele o melhor momento para a assinatura do termo.

Term sheet

A *term sheet* é uma carta de intenções em que são descritos, em detalhes, termos e condições do investimento proposto. Ela é importante tanto para o investidor quanto para o empreendedor no momento inicial da negociação de investimento, quando ainda não há certeza de investimento.

Ela estabelece as condições que o investidor julga primordiais: pontos críticos, como a avaliação da empresa, o valor do investimento, a participação percentual, os direitos de voto, a preferência de liquidação, as disposições antidiluidoras, entre outras.

É importante esclarecer que nem empresário, nem investidor são obrigados a cumprir tudo o que é disposto na *term sheet*, mas o documento deve orientar sobre o tempo que o investidor permanecerá investindo na empresa.

A Anjos do Brasil, com a Intel Capital, Baptista Luz, Derraik & Menezes, Neolaw e FGV-Direito, redigiu o documento de *term sheet* para auxiliar o empreendedor e o investidor na estruturação judicial do investimento. O modelo está disponível para *download* no *site* da instituição.

Com o documento assinado, o investidor tem segurança para iniciar o processo de *due diligence*, tendo em vista que, além de tempo, muitas vezes, ela exige gastos na contratação de auditores e advogados que podem chegar a dezenas de milhares de reais.

Due diligence

Se, por parte do empreendedor, o sigilo é uma preocupação, por parte do investidor, o *compliance* é crítico. Tanto *venture capital* quanto investidores-anjo levam muito a sério o processo de **due diligence** na decisão de fazer ou não um investimento.

capítulo
4

O processo consiste em uma avaliação por meio da análise de documentos e informações sobre a startup, seus fundadores e a documentação apresentada no plano de investimento. Na prática, é uma auditoria de verificação, principalmente, nas áreas financeira, tributária, societária e trabalhista. Um dos objetivos é o investidor se certificar de que não existem dívidas anteriores ao investimento e que o valor investido será, com certeza, destinada ao crescimento da startup.

Isso não quer dizer que, se houver algum problema anterior, a *startup* não poderá receber novos aportes, mas é fundamental que essas informações fiquem claras e equalizadas com o investidor no início da negociação. Aqui, mais uma vez, vale a observação sobre transparência.

A seguir, trataremos da formalização do processo com os investidores e fundos. Tão importante quanto não errar na composição societária é acertar na formalização com o investidor, que é uma espécie de sócio, como assinalamos.

4.5.3 Formalização do investimento

Mútuo conversível

A forma de contrato mais utilizada no mercado de investimento para startups é o **mútuo conversível**. Ele funciona como um empréstimo que, em um momento acordado ou em algumas situações previamente expressas, pode ser convertido em uma participação já definida na startup ou apurada em uma rodada seguinte. Caso contrário, se não ocorrer a conversão do mútuo, a startup deve devolver o empréstimo com juros. Essa opção também é interessante, pois não exige uma formalização em órgãos específicos e pode ser feita rapidamente com a assinatura das partes e o depósito do valor.

No entanto, a startup precisa se preocupar em ter uma estrutura organizada para o recebimento do valor investido, um plano de investimento claro e em dar transparência sobre o uso dos recursos ao investidor. Também é fundamental que o contrato seja bom para ambas as partes, o considerado contrato "*fair*".

Normalmente, o contrato estabelece várias regras e obrigações, como prazo de investimento, prazo mínimo de permanência dos fundadores, dedicação dos sócios, entre outros. Existem vários modelos disponíveis na internet – uma sugestão é o modelo do Anjos do Brasil*.

Cotas

A opção de **compra de cotas** também é bastante utilizada. Diferentemente do mútuo conversível, nesse modelo, o investidor adquire o direito de comprar cotas da empresa no futuro por um valor determinado. As informações de preço, tempo de realização e mecanismos de controle são descritas no contrato, mas o pagamento somente é realizado quando o investidor faz a compra. Contudo, é comum que o investidor pague um "prêmio" pelo direito de ter a opção de compra futura. Esse valor é disponibilizado de imediato para a startup.

Participação societária (*equity*)

No modelo de **participação societária** (*equity*), o investidor se torna sócio da empresa. Trata-se da venda de uma parte do negócio para o investidor, que terá participação societária e uma porcentagem dos lucros.

Debêntures

Muito comum no mundo de investimentos convencional, o modelo de **subscrição de debêntures** é também utilizado para startups. O investidor subscreve debêntures para a startup que se vinculam aos contratos de investimento. Nesse documento, são estabelecidos critérios e condições de conversão das debêntures em participação societária.

---

* Guia de Investimento Anjo & Documentos Legais. Modelo de Mútuo Conversível. Versão 27/5/2016. Disponível em: <https://www.anjos dobrasil.net/modelo-de-contrato-de-investimento.html>. Acesso em: 5 dez. 2021.

capítulo 4

Seja qual for o modelo de formalização do investimento, é muito importante que os objetivos de investidores e fundadores estejam alinhados desde o primeiro momento. Como ressalta Steve Blank (2013), é uma prudente medida de segurança para os fundadores, pois o descompasso desconecta-os do empreendimento mais rapidamente do que disputas sobre metas e dinheiro.

Por fim, um contrato com membros do conselho, mentores e *brokers* é importante. Esse tipo de contrato regula o valor a ser pago a esse profissional para a realização de aconselhamento e auxílio na captação de dinheiro para a startup. Assim como no acordo de sócios, vale seguir os principais pontos da governança além de firmar um acordo NDA.

Por vezes, a mentoria e a participação no conselho não são remuneradas, mas existem momentos em que a startup demanda maior dedicação desses profissionais, que fazem diferença para o negócio. Então, a melhor decisão é organizar essas estruturas de forma profissional, sempre prezando a diversidade.

Capítulo 5

Caminhos para expansão do negócio

Agora, considere uma situação em que o empreendedor tem um negócio rodando, um produto ou serviço validado, clientes que validaram e compram da startup. A empresa conta com uma equipe estruturada, métricas que indicam constantemente que se está no caminho certo. Nessa conjuntura, há consumidores satisfeitos, time coordenado e motivado, cultura organizacional difundida, e a lucratividade mostra que estão sendo seguidos, corretamente e com sucesso, todos os passos propostos até esse momento. Em tal fase, o plano natural é o de crescimento.

A empolgação não deve ser um guia para o processo de crescimento do negócio. Aqui vale investigar se o time trabalhou bem tudo o que o negócio pode dar, do tamanho que está e no mercado de que participa. A empresa extraiu todo o seu potencial? É importante a startup se certificar de ter aprendido tanto com seu consumidor que já tenha desenvolvido uma estratégia de conquistar novos clientes baseada no comportamento deles. Então, convém aperfeiçoar sua estratégia de valor em uma engenharia que torne a entrada de novos clientes natural. Ter promessas claras, relevantes e poderosas, e cumpri-las é um bom caminho. Sean Ellis e Morgan Brown (2018), em seu livro *Hacking Growth*, chamam esse estágio de *stacking the odds*, expressão que, em tradução livre, significa "juntando as probabilidades".

Como afirma Sandro Magaldi (2014): "A maior armadilha do sucesso é o sucesso". Uma das reflexões que essa frase desperta é que expandir um negócio exige o mesmo planejamento, definição de metas e monitoramento, análise de mercado do momento da sua criação e da sua formatação. É imperioso levar em conta outros fatores e a experiência de escalada do negócio será valiosa, mas voltar ao papel e desenhar o plano de expansão é uma tarefa inescapável.

Parece óbvio, mas, em muitos momentos, o crescimento do negócio acontece naturalmente e leva o empreendedor a agir "no calor das emoções", deixando acontecer. Quando se dá conta, tem uma estrutura muito maior do que a planejada, clientes passando de satisfeitos para insatisfeitos, problemas logísticos, de tecnologia e de time. Enfim, um crescimento desordenado leva muitas empresas ao caos.

capítulo
5

Entretanto, esses pontos não devem ser entendidos como um desestímulo à expansão, crescer deve ser objetivo desde o primeiro dia. Quando tratamos do conceito de startup – escalabilidade e lucratividade –, concluímos que o crescimento é natural do negócio.

O importante, nesse ponto, é identificar o momento para dar o próximo passo, quando expandir, quais são os modelos de crescimento disponíveis e qual deles é o melhor para a empresa. Assim como o processo de validação do produto, a estratégia de crescimento não tem uma fórmula pronta, replicável para todos os negócios, mas existem sinais que orientam os empreendedores para a tomada de decisão. Voltamos, aqui, a um fator de que falamos inúmeras vezes neste livro: confiar nos dados para tomar decisões. Existem indicadores que demonstram, ao longo do tempo, que o momento de expandir está chegando.

Com base nas experiências de empreendedores que já passaram por esse momento, o Serviço Brasileiro de Apoio às Micro e Pequenas Empresas (Sebrae) e a Endeavor (2021), para apoiar negócios no processo de expansão, desenvolveram o e-book *O que sua empresa quer ser quando crescer? Como conduzir a expansão do seu negócio*, no qual listam alguns indicadores importantes

Os **fatores externos** que devem ser observados são:

1. a lealdade dos clientes;
2. o pedido dos consumidores para o crescer;
3. o lucro dos últimos três anos (mesmo que para startups o tempo seja muito mais rápido, é importante avaliar um lucro frequente e estável);
4. o crescimento do ramo de atuação;
5. a necessidade de produtos ou serviços adicionais e complementares.

Com relação aos **fatores internos**, devemos observar:

1. se a equipe é afinada e motivada;
2. se as finanças estão em ordem;
3. qual quantidade de trabalho.

Depois de avaliar esses fatores, se as respostas forem positivas e demonstrarem a consistência e a evolução do negócio, vale conhecermos as formas de crescimento, e são diversas. A seguir, avaliamos os principais modelos a que empresas de alto impacto vêm aderindo nos últimos anos.

5.1 Abertura da segunda unidade

Essa é uma das formas mais comuns de crescimento, abrir uma nova unidade, uma filial, outra loja, ampliar o mercado geográfico. A lucratividade da expansão tende a ser grande e o controle da operação está submetida à empresa. É fundamental enxergar essa nova unidade como um novo negócio e traçar uma estratégia e um plano de negócios para ela de forma única.

Lembremos que o trabalho crescerá na mesma proporção; então, devemos preparar a equipe e a estrutura para dar conta das novas demandas, inclusive, as gerenciais.

Demanda-se, ainda, um capital adequado para a expansão, principalmente, para dar conta da nova realidade para o custo fixo. O planejamento financeiro pode ser o maior gargalo para a decisão de abrir uma nova unidade de negócios. Se, nos prognósticos, esses números não forem suficientes, deve-se avaliar outras opções, como abrir franquias.

5.2 Sistema de franquia

O modelo de franquia oferece inúmeras vantagens para a empresa, como dividir com outros empreendedores a decisão e os custos relacionados ao negócio. A tendência é que o comprometimento dos franqueados seja muito maior com o sucesso do novo espaço do que de funcionários.

capítulo
5

Também há vantagens com relação à divisão do capital investido, contratação de funcionários e negociação com fornecedores pelo novo volume de compra.

Mas o empreendedor não pode se deixar iludir: o comprometimento com o negócio do franqueado é, basicamente, o mesmo demandado por uma filial. Lembremos que a cultura organizacional, a imagem da marca e a relação com o mercado consumidor são chaves do sucesso, sendo preciso zelar por isso ao longo de todo o processo.

Talvez essa configuração seja a mais complexa para ser planejada. Se for a escolha, é preciso se aprofundar nos modelos de negócios relacionados a franquias e buscar seguir todos os passos: dos legais aos financeiros, dos administrativos aos de comunicação.

A comunicação tem lugar especial nesse modelo. Para ser viável, é fundamental que o consumidor perceba valor na marca. Estando essa base já construída, precisa ser destacada e a comunicação é fundamental. No planejamento, é necessário levar em conta o investimento em *marketing* que o modelo de franquia precisa receber para alcançar sucesso.

Startups podem sonhar e planejar esse modelo. Um exemplo é a startup Beenoculus, criada em 2015. Hoje já são quatro *spin-offs*: a Beetools, uma *smart school* para o ensino de idiomas; a Junglebee, uma produtora criativa de narrativas em XR* (realidade estendida) para impacto social; a Beelders, com foco em soluções para engenharia e construção; e a Beehealth, que atenderá ao setor de saúde com soluções de educação e telemedicina.

Seu fundador, Rawlinson Peter Terrabuio, dividiu conosco** um pouco de sua jornada empreendedora sobre a criação do seu modelo de negócio:

---

* *Extended reality* (XR): conhecido, em português, como *realidade estendida*, é um termo que agrupa tecnologias como realidade virtual, realidade aumentada e realidade mista. Refere-se à união de ambientes reais e virtuais gerados por gráficos de computador e equipamentos vestíveis (*wearables*), como óculos, relógios e até roupas.

** Entrevista concedida em junho de 2020.

Rawlinson, conta um pouco sobre a Beenoculus, como ela surgiu e qual seu foco?

A Beenoculus é uma empresa ambidestra e trabalha um novo campo da tecnologia, que é a computação espacial, ou *extended reality*. Nossa missão é transformar a educação, o que é um desafio extremamente complexo, somente possível através da colaboração. Essas novas tecnologias transformarão a forma como nos relacionamos com o mundo. Para acelerarmos o *"time to market"* de soluções para o mercado, adotamos o perfil de *venture builder*, e nossa principal empresa de tecnologia fomenta e suporta a implementação de soluções XR se associando com profissionais ou outras empresas de setores tradicionais para acelerar o desenvolvimento de inovação. Com isso, a Beenoculus derivou para as *spin-offs* Beetools, Junglebee, Beelders e a Beehealth.

Qual foi o momento em que vocês decidiram que a Beenoculus estava pronta para a expansão? Quais foram os indicadores avaliados?

No momento em que consolidamos o foco da Beenoculus Tecnologia em *hardware* e *software* XR e definimos nossos principais parceiros de tecnologia, como a Qualcomm Inc., entendemos que estávamos prontos para suprir/suportar novas operações transversais e naturais ao que fazemos. Já estávamos desenhando novas plataformas para clientes no modelo de serviços e passamos a orientar a Beenoculus para produtos.

Buscaram apoio para planejar a expansão?

Sim, contamos com um processo de consultoria e planejamento da Outbound Brasil durante um ano, além de todas as mentorias que tivemos nos programas Promessas Endeavor, Braskem Labs e StartEd Fundação Lemann.

Por que decidiram pelo modelo de franquias?

A Beetools é a *spin-off* que trabalha com o modelo de negócios de franquias para expansão porque é a forma mais rápida de escalar e de acesso ao capital. É um processo que exige muito mais suporte na operação. Mas também projetamos abrir escolas próprias e avançar nos modelos *in company* e *in school*.

capitulo 5

> **Como foi o processo de planejamento do modelo de franquias? Quais as dificuldades e as oportunidades que tiveram ao longo do processo?**
>
> O processo de planejamento do modelo de franquias também contou com o suporte de consultoria da Netplan, de Curitiba, para a parte legal, de contratos e organização. Nosso maior desafio, no início, foi desenvolver todos os fornecedores e, atualmente, é manter uma equipe de alto nível para dar suporte à expansão, com qualidade em implementação, operação, vendas e *marketing*.
>
> **Como está o momento da Beetools? Quantas franqueadas? Pode abrir números de faturamento e custos para exemplificar o sucesso do negócio?**
>
> A Beetools está, atualmente, em sete estados brasileiros, com 23 escolas em operação e mais sete em processo de implementação em 2020/21. Não divulgamos o faturamento e dados sensíveis do negócio.
>
> **Quais os próximos passos? Como veem o mercado?**
>
> Temos uma incrível oportunidade porque somos a única escola de inglês com material didático 100% digital e com um método que utiliza realidade virtual, inteligência artificial, *big data*, gamificação e *flipped class room*. Estamos, pelo menos, dois anos à frente de nossos concorrentes. Como toda empresa de educação, tivemos um impacto nas receitas em virtude da pandemia da Covid-19 mas, ao mesmo tempo, nossos diferenciais nos permitem implementar produtos para crescer, mesmo se tivermos um período longo de fechamentos e aberturas.

Montar um sistema de franquias exige planejamento, conhecimento do negócio e controle. Por meio das franquias, é possível acelerar o processo de expansão do negócio.

5.3 Fusão e aquisição

É possível ampliar o negócio por meio de uma fusão ou pela aquisição de outro negócio complementar. Pode-se expandir com uma empresa que faça algo melhor, ou ampliar o alcance unindo forças com um concorrente naquilo que ambos fazemos bem.

O termo *fusões e aquisições*, muito empregado por meio das siglas M&A, do inglês *mergers and acquisitions*, é mais comum para grandes corporações; no entanto, essas transações sendo realizadas por pequenos negócios com sucesso têm se tornado mais comum a cada dia.

O número de fusões e aquisições no cenário brasileiro tem crescido nos últimos anos, impulsionado pelo aumento da competitividade e das inovações tecnológicas. Temos visto um movimento nas empresas familiares que passaram a se adaptar à nova realidade econômica para sobreviver e expandir.

O planejamento é fundamental, tanto para comprar quanto para vender o negócio, bem como para se unir a outro. Conhecer o mercado, a estrutura, alinhar culturas e definir de forma real o valor de cada negócio (sobre *valuation* iremos falar mais à frente) é fundamental para se alcançar o sucesso.

A seguir, expomos alguns pontos que diferenciam fusão de aquisição.

Em uma **fusão**, as empresas têm uma atuação em comum. Normalmente, são do mesmo segmento e o objetivo é ampliar e consolidar um mercado. As duas organizações devem ter vantagens competitivas que, somadas, criam uma nova realidade em seus negócios.

Como duas marcas se unem, há grande possibilidade de a fusão gerar uma nova empresa. Nesse sentido, as questões legais são importantes e os contratos são fundamentais para assegurar a eficiência da operação.

Em uma **aquisição**, as empresas, comumente, têm segmentos complementares e a adquirente tem o objetivo de expandir um segmento ou um departamento.

Diferentemente da fusão, a empresa que é comprada encerra sua participação no momento do fechamento do negócio, passando para a compradora a administração e o cumprimento das responsabilidades assumidas. Contudo, os passivos continuam com a empresa original.

capítulo

5

Para ambas as situações, questões de governança e transparência são fundamentais, bem como avaliações das questões financeiras antes e depois da operação; questões de base de tecnologia e propriedade intelectual; como fica a base de clientes e vendas anteriores à operação; contratos relevantes (é recomendável uma operação completa de *due diligence*); questões trabalhistas; litígios e questões fiscais; questões legais e com órgãos reguladores; relações com investidores, parceiros e demais *stakeholders*; propriedades; avaliação e definições sobre a divulgação da operação para o mercado.

5.4 Licenciamento de produto

Se os modelos de fusão e de aquisição têm apresentado crescimento expressivo no país, o modelo de licenciamento ainda é pouco utilizado. Já no mercado internacional, esse é um modelo bastante difundido e maduro.

A recomendação é que, para avaliar se esse modelo é válido para o negócio, é preciso ter um produto ou serviço já consolidado no mercado. Assim, o esforço de venda se torna menor e mais interessante para os parceiros. Comparando esse modelo à franquia ou à abertura de novas unidades, o licenciamento suprime os custos extras, e os associados pagarão *royalties* pelas vendas.

Um dos entraves do processo de licenciamento é que o produto ou serviço deve ter registro no Instituto Nacional da Propriedade Industrial (Inpi), portanto, um ponto importante para avaliar essa possibilidade é conhecer profundamente as operações e processos de registro de marca e patente no Brasil.

O Inpi é o órgão responsável pelo depósito de registros de marcas e patentes e busca estimular a inovação e a competitividade a serviço do desenvolvimento tecnológico e econômico brasileiro por meio da proteção eficiente da propriedade industrial.

A legislação brasileira não é ágil na hora do registro de propriedade, o processo de registro pode levar décadas, mas o Inpi oferece programas específicos para startups com o intuito de converter a inovação em retorno econômico. Em 25 de abril de 2019, foi publicada a Lei Complementar n. 167, instituindo o Inova Simples:

> *Art. 65-A. É criado o Inova Simples, regime especial simplificado que concede às iniciativas empresariais de caráter incremental ou disruptivo que se autodeclarem como startups ou empresas de inovação tratamento diferenciado com vistas a estimular sua criação, formalização, desenvolvimento e consolidação como agentes indutores de avanços tecnológicos e da geração de emprego e renda.* (Brasil, 2019c)

Vale muito a pena começar esse processo o mais cedo possível se esse for o caso do negócio.

5.5 Atuação na internet

Existe uma gama de oportunidades digitais para o crescimento de uma empresa, portanto não é preciso ficar limitado à expansão física para crescer.

A crise de 2020, provocada pela pandemia da Covid-19, acelerou a transformação digital e fez milhões de pessoas comprarem pela internet pela primeira vez. Enquanto o mercado convencional sofria com as medidas de restrição pelo distanciamento social, o mercado *on-line* via taxas de crescimento recordes. Trataremos sobre isso em um capítulo especial sobre o mundo pós-pandemia, mas, no momento, vale ressaltar que o *e-commerce* cresce de forma constante há pelo menos uma década.

Mesmo antes da pandemia, os números do *e-commerce* eram expressivos, na contramão do baixo crescimento econômico mundial, conforme mostra o Gráfico 5.1, do Ebit/Nielsen, publicado, em 2019, na 40ª edição do levantamento Webshopper.

capítulo 5

Gráfico 5.1 – Resultado Webshopper sobre evolução de vendas e pedidos *on-line*

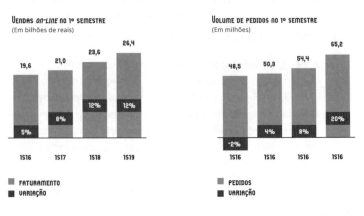

Fonte: Ebit/Nielsen, 2019.

O estudo mostra a variação de 12% em vendas *on-line* no 1º semestre de 2019 (1S19), mantendo-se estável com a variação de 1º semestre de 2018 (1S18). Observando o gráfico, percebemos que o crescimento do faturamento é constante desde 2016, mas o valor faturado em 2019 chega aos 26,4 bilhões de reais. O Gráfico 5.1 indica também o alto crescimento no volume de pedidos ao longo dos últimos anos, com o primeiro semestre de 2019 registrando um crescimento de 20%. O número de pedidos ultrapassa a casa dos 65 milhões.

Indiscutivelmente, essa é uma estratégia de expansão quase obrigatória para muitas empresas; para outras, o comércio eletrônico é a primeira opção com relação a modelo de negócio. De qualquer forma, a expansão *on-line* depende de forte comunicação digital, logística alinhada e eficiente, além de estratégia de relacionamento com o cliente – haja vista que a presença digital envolve celeridade e confiabilidade.

Diversificando

Uma estratégia de expansão diversificada permite ampliar as possibilidades de receita e a visibilidade do negócio. Segundo o *e-book* do Sebrae/Endeavor (2021), algumas formas de diversificar são:

- Lançar uma linha própria de produtos.
- Vender produtos ou serviços complementares.
- Importar ou exportar seus produtos ou de outros.
- Promover cursos ou lecionar sobre seu campo de atuação.

5.6 Adesão a novos mercados

Uma última dica sobre expansão refere-se a abrir novos mercados. Sempre há um campo para explorar relacionado ao perfil do público, à localização geográfica ou ainda ao tipo de produto e serviço. Se o mercado está consolidado, deve-se inquirir se existem outros; isso pode guiar para o crescimento.

Seja qual for a decisão sobre o modelo de crescimento do negócio, deve-se começar desenhando o plano de expansão. Nesse ponto, os conceitos tradicionais de administração prevalecem e, provavelmente, será necessário revisitar o planejamento original de quando a startup era uma ideia na cabeça.

Essa nova análise irá fortalecer muitas verdades levantadas na época, e mostrará as inúmeras "pivotadas" que o produto ou serviço sofreram e, se tudo estiver certo, confirmará o caminho adotado pela empresa.

Nesse ponto, verifica-se a pertinência para a expansão, avalia-se o modelo que mais se adequa ao negócio, mas ainda não se tem certeza sobre a viabilidade do crescimento. Portanto, é preciso escolher uma metodologia que oriente o negócio do ponto de vista de prós e contras para a expansão e possibilite um mapeamento institucional para a empresa.

capítulo
5

Pode-se optar por diversas metodologias. Aqui recomendamos a estruturação de uma matriz *swot*, que irá indicar fatores positivos e negativos para o processo, bem como avaliar a empresa internamente e o mercado com suas variáveis para a tomada de decisão.

A sigla *swot* vem das iniciais das palavras em inglês *strengths* (forças), *weaknesses* (fraquezas) do negócio – relacionados aos fatores internos – *opportunities* (oportunidades) e *threats* (ameaças) do ambiente – relacionados a fatores externos.

Já discorremos neste livro sobre os elementos-chave que modelam a estratégia para um negócio. Então, convém reunir a equipe e avaliar, em conjunto, as forças, as fraquezas, as oportunidades e as ameaças do plano de expansão.

Consideramos, nessa estratégia, tudo o que pode favorecer ou dificultar o processo; então, escrevem-se, na matriz *swot*, esses conhecimentos que ajudam a traçar o plano estratégico.

Porter (2005) elenca forças e fraquezas como elementos prioritários para o planejamento:

- **Strengths – forças internas**: O que está sendo feito especialmente bem? Quais atributos distinguem a empresa de outras organizações? Quais são as principais vantagens competitivas?

- **Weaknesses – fraquezas internas**: O que não está sendo feito bem? Quais atividades têm afastado a empresa daquilo que ela faz melhor? Quais atividades podem ser aprimoradas?

- **Oportunities – oportunidades de mercado (externas)**: Quais são as oportunidades existentes para o mercado? Quais tendências dominam o setor em que a empresa atua? Quais são as mudanças pelas quais passa o público com relação aos hábitos de consumo, valores etc.? Quais mudanças vêm ocorrendo no ambiente regulatório do setor de atuação?

- ***Threats* – ameaças externas**: Quais obstáculos (legais, estruturais etc.) há pela frente? Há novos concorrentes chegando ao mercado? Se sim, quais as estratégias desses competidores? Concorrentes globais representam alguma ameaça?

Essa jornada de (re)conhecimento fornecerá clareza ao novo momento, mas, com certeza, ainda há perguntas que não foram respondidas. Nesse aspecto, entra o sistema 5W2H, muito utilizado também.

Essas perguntas são capazes de orientar na definição do escopo e ajudam a manter o foco naquilo que precisa ser feito. Importante salientar que é necessário aplicar o sistema 5W2H para cada tarefa a ser realizada e cada uma delas precisa ter um acompanhamento criterioso e constante.

O sistema 5W2H é o método que reúne as principais perguntas que devem ser feitas e respondidas na hora de executar uma tarefa. Pode ser usado em diversas situações e é aplicado nas mais diversas áreas de negócio. A sigla 5W2H pode ser desdobrada, em inglês, da seguinte forma:

- 5 W:
  What: o que será feito?
  Why: por que será feito?
  Where: onde será feito?
  When: quando?
  Who: por quem será feito?
- 2H
  How: como será feito?
  How much: quanto vai custar?

Ao responder a essas perguntas, são estabelecidos os controles para as tarefas a serem executadas e uma matriz de responsabilidade que pode ser difundida para todos os envolvidos no processo. Relacionando essas questões ao plano de expansão, teremos a estrutura necessária para colocá-lo em prática.

Figura 5.1 – Sistema 5W2H

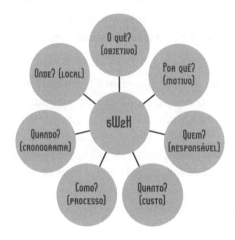

Fonte: Endeavor, 2017.

Toda empresa busca crescimento rápido, sólido e exponencial, mas cada momento de vida da startup requer uma estratégia específica e tem *stakeholders* diferentes.

Até agora, falamos genericamente sobre startups, com ações fundamentais para o nascimento, a composição de times, a estruturação e a validação de produtos etc. A partir deste ponto, precisamos posicionar bem os diferentes momentos do negócio, pois isso irá ajudar na estratégia de crescimento.

Vamos trabalhar com o conceito de Flávia Carrilo (2019), da Abstartups, que considera que existem quatro períodos na vida de uma empresa de tecnologia recém-nascida.

1. Ideação, ou *seed stage*.
2. Operação, ou *early stage*.
3. Tração, ou *growth stage*.
4. *Scale-up* ou *late stage*.

Na **ideação**, também chamada *seed stage* (estágio semente), há muitas perguntas relacionadas ao cliente, ao produto, ao posicionamento de mercado e comunicação.

Na fase da **operação,** também chamada de *early stage* (estágio inicial), muitas perguntas já foram respondidas. A ideia da startup está bem-consolidada e já se começa a colocá-la no mercado, buscar clientes e expandir a operação. Nessa fase, começa o processo de crescimento.

Na fase da **tração**, já há alguma vivência como empreendedor. Também chamada *growth stage* (estágio de crescimento), nela, começam a se abrir novos caminhos, que tornam indispensáveis os próximos passos. Nesse ponto, rodadas de investimento e aportes são muito bem-vindas.

Uma *scale-up* é uma empresa que tem um crescimento de 20% em três anos consecutivos – seja em receita, seja no número de colaboradores. Essa taxa de crescimento é muito consistente e muito difícil de ser alcançada; por isso, essas empresas são consideradas maduras ou *late stage*. Programas como o da Endeavor apoiam muito as startups nesse nível, pois é a base do lançamento para algo realmente grande, quem sabe se tornar um unicórnio. A título de informação, vale comentar que alguns profissionais não consideram as *scale-ups* startups.

A fase de *scale-up* exige das empresas uma nova fase de estruturação. Muitos desafios inéditos acontecerão, por isso é indicado contar com mentores, conselheiros e programas de aceleração.

5.7 Características do estágio *growth*

Bem, já assinalamos que essas empresas detêm uma taxa de crescimento realmente acelerado. Empresas que têm *product/market fit* (PMF) são consideradas empresas em estágio de crescimento. O foco total no produto é ultrapassado e surgem preocupações relacionadas a mercado, investimento e gestão para escalar.

capítulo 5

Quem ainda não ouviu certamente ainda ouvirá falar sobre *growth hacking*. Ele está relacionado ao *marketing*, no entanto, na verdade, é uma forma de construir o crescimento do negócio por meio de melhores práticas, retiradas de hipóteses e experimentos executados.

O termo foi mais difundido depois do livro *Hacking Growth*, de Sean Ellis e Morgan Brown, publicado em 2017 e que se tornou um *best-seller* traduzido para 16 idiomas (Ellis; Brown, 2018).

Sean Ellis trabalha, desde 2010, em estratégias de crescimento e otimização de empresas como Dropbox, Eventbrite, LogMeIn e Lookout. Ao participar dos processos de crescimento dessas gigantes em seu setor, Ellis observou alguns pontos em comum:

- as formas de divulgar seus produtos e serviços eram diferenciadas – elas fugiam do *marketing* tradicional;
- destacavam times dedicados ao processo de crescimento, e esses times eram multidisciplinares;
- tinham bases de dados sólidas e trabalhavam orientadas por elas suas estratégias de crescimento;
- tinham processo, a estratégia de crescimento seguia um passo a passo pré-definido.

Com isso, está claro que não existe milagre que faça a empresa crescer rapidamente, tampouco aquela sacada genial que, simplesmente, transforma o negócio da noite para o dia. A expansão acontece em pequenos ciclos, vários pequenos crescimentos levam a empresa ao nível seguinte.

Como já indicamos, tudo começa com uma meta clara: Qual problema a empresa precisa resolver neste momento? Para expandir, é necessário definir uma direção e um plano de ação de modo a alcançar o crescimento sustentável.

Quando são definidos ciclos curtos de crescimento e metas viáveis, motiva-se o time, facilita-se o monitoramento e adotam-se processos de aprendizados constantes para permanecer no caminho certo. Manter o time motivado e fiel às metas é essencial no processo de crescimento; por isso, cada pessoa, independentemente de sua área, precisa ser ouvida. A opinião e os pontos de vista diferentes (e por que não, divergentes) trazem muito mais consistência para o processo e facilitam a decisão sobre prioridades.

Todo processo começa com a análise do cenário, contemplando o mercado, a concorrência, a ideia, a empresa. Entretanto, neste ponto, trata-se de análises específicas para entender como o usuário se comporta no funil de vendas ou ao fazer *download* do *app*.

Dados estatísticos, quantitativos e qualitativos são relevantes; eis um exemplo: por que um usuário faz certa interação com o produto, ou por que esse usuário não o faz. Lembremos que existem fatores subjetivos que levam uma pessoa a fazer ou não algo. Às vezes, a mensagem é extremamente clara para a empresa e o time, mas o cliente não a entende.

Ao ter ideias, a equipe precisa de tempo para formatá-las. Ideias precisam ser maturadas, e o ideal é que o líder (o fundador, diretor etc.) seja um facilitador desse processo, um mentor. Os liderados podem ter processos diferentes de criação e, de fato, não há como saber de onde virá a melhor ideia, então, é recomendável garantir ter o melhor ambiente para que as boas ideias nasçam.

Ademais, as ideias precisam ser viabilizadas; por isso, é preciso que o time forneça informações. O processo tem de ser documentado com dados sobre como implementá-la, com base em quais dados, qual o esforço empregado e, se funcionar, qual o impacto alcançado.

Essa documentação é fundamental para se identificar quais ideias serão testadas e em quais momentos, quem serão os responsáveis e quais áreas precisarão ser envolvidas.

O aconselhável é ter no time de *growth* um especialista no principal canal que a startup atua e um especialista em dados. Também são requeridos um analista, uma dupla de *design* e redação e um programador experiente. Assim, forma-se um time de cinco a sete pessoas geridas por um VP, com profundo conhecimento no negócio.

Ressaltamos que, depois de analisar o cenário, ter ideias e priorizar, é preciso testar. Ellis e Brown (2018) indicam, em seu livro, que quanto mais testes forem feitos, mais se poderá aprender, e a tendência é obter um crescimento mais rápido. Contudo, além de testar, é preciso compartilhar amplamente os resultados de cada teste e

capítulo 5

gerar aprendizado para todo o time. Quanto mais aprendizado, mais ideias; quanto mais ideias, resultados melhores. É um ciclo.

Esse é o processo do *growth hacking* e ele é repetível todo o tempo para metas e problemas diferentes. Com o passar do tempo, as metas estarão cada vez mais ambiciosas, mas o crescimento continuará sustentável.

Os cinco pilares para iniciar a implementação da cultura de crescimento na empresa são (Ellis; Brown, 2018):

1. Cultura *growth*;
2. Automatização;
3. Equipe e processos;
4. Missão compartilhada;
5. Ajuste de produto e mercado.

Na base da pirâmide está a entrega de valor. Não há crescimento sustentável para a empresa se o produto não entregar valor ao mercado. Uma vez criado esse valor, as pessoas se mantêm usando o produto e, então, a missão pode ser compartilhada com o time, estipulando métricas e experimentos.

Missão compartilhada para alinhar funcionalmente o processo é o segundo pilar para o crescimento. É válido compartilhar os resultados dos testes rápidos e sistemáticos periodicamente para aprendizagem constante.

Assim, o time é preparado para essa jornada, definindo processos ágeis e fiéis. Deve-se repetir o processo em toda a jornada do consumidor.

Isso influencia toda a cultura da companhia e a deixa mais ágil e propensa ao crescimento. Além disso, o aprendizado deve ser apoiado por sistemas automatizados que facilitarão as tomadas de decisão, que se tornam cada vez mais complexas.

Existe uma lista enorme de ferramentas para automatizar processos de *growth*. Elas geram economia e possibilitam times mais enxutos. As definições das etapas anteriores e os aprendizados orientam a empresa na decisão sobre qual ou quais utilizar, já que se pode lançar mão de várias para criação de conteúdo, gerenciamento de *leads*, análise de métricas analíticas de ambientes digitais etc. A metodologia *growth hacking* está para a presença da marca assim como a *lean startup* está para o desenvolvimento de produtos, e o *scrum*, para a produtividade.

5.8 *Go to market* (estratégia de entrada no mercado)

Direcionar a estratégia para acertar em um alvo específico no momento de entrar no mercado é chamado de *go to market*. Se o plano de negócios é um estudo mais amplo e focado em um desenvolvimento de longo prazo, o *go to market* conta com ações direcionadas, buscando resultados no curto prazo.

Ela é uma importante ferramenta de crescimento, pois é capaz de aumentar a receita e a lucratividade. Para isso, o mercado deve estar claro, estando a empresa voltada para suas ações.

Para desenhar a estratégia para a startup, é preciso responder a algumas perguntas que podem fornecer esclarecimentos sobre o cliente e o mercado.

Definir para quem se está vendendo é fundamental. Essa avaliação já foi concluída no plano de negócios e foi delineada a estratégia de canais com foco no consumidor, mas, além da persona genérica que se relaciona com a marca, qual será a persona do comprador. Características emocionais são importantes nesse ponto. Em alguns casos, um produto específico tem *buyer persona* específica; por isso, é importante segmentar, focar e direcionar a estratégia de venda com base nesse conhecimento. Público-alvo, preço e canal também são informações relevantes, mas sobre isso já falamos à exaustão.

As respostas a essas perguntas são capazes de guiar para a definição do objetivo. Feito isso, acompanham-se as principais métricas de desempenho. Recapitula-se o modelo *smart* – acrônimo para *specific* (específico), *measurable* (mensurável), *attainable* (atingível), relevant (relevante) e *time-bound* (ter prazo definido) – para definir as métricas de acompanhamento, com ciclos de curto prazo. Além disso, os dados precisam ser rapidamente capturados e avaliados.

5.9 Customer success

Todo o processo de desenvolvimento de produto ou serviço até aqui foi centrado em um ator elementar: o cliente. Ele foi ouvido para a construção do primeiro modelo de produto, foi quem testou e validou o desenvolvimento. Foi o cliente quem definiu se o produto tinha *fit* e quem orientou o crescimento da startup.

Não por acaso, existe uma área totalmente dedicada a ele, o *customer success* (sucesso do cliente). O CS é uma metodologia empresarial focada em fazer os clientes alcançarem os objetivos ao consumirem os produtos ou serviços ofertados pela empresa. Notemos que a abordagem aqui é para que o "cliente alcance seus objetivos" e isso é muito diferente do tradicional setor de atendimento ao cliente, que busca a "qualidade do atendimento".

Essa abordagem teve origem na visão de empresas de *software as a service* (Saas), que disponibilizam *softwares* na internet de forma compartilhada, mudando a lógica da venda do produto. Como exemplo, podemos pensar no armazenamento de dados – antes, feito de forma física, hoje, na "nuvem", totalmente difundida. Outro exemplo é o uso do Google Docs no lugar de *softwares* padrões da Microsoft.

Ao perceber que o cliente está mais disposto a pagar pelo serviço do que pelo produto, as empresas criaram, inclusive, um modelo de negócio, com remuneração recorrente por assinatura. Nesse sentido, torna-se mais vantajoso manter um cliente antigo do que conquistar um novo.

Segundo o Sebrae (2019), conquistar um novo cliente é sete vezes mais caro do que reter um antigo. Logo, essa visão se estendeu para outros segmentos e o CS transformou-se em pauta obrigatória na agenda dos fundadores de startups, que buscam maiores receitas e um crescimento acelerado.

Quando abordamos o tema "modelo de receita aplicado em startups", falamos sobre o modelo de receita recorrente (MRR) – se não lembra, volte até o Capítulo 2, Seção 2.4, pois isso é importante aqui. Esse modelo vem sendo cada vez mais aderido por empresas dos mais diversos segmentos, como a Netflix e seu modelo de assinatura, que abocanhou o mercado das locadoras de filme; o Spotify, que consolidou a mudança na forma como as pessoas consomem música; compramos espaço na "nuvem" para armazenamento de dados; até para *softwares* como o Office, da Microsoft, é possível assinar mensalmente em vez de comprar a licença de uso.

Isso acontece porque, com a tecnologia mudando rapidamente, com a abundância de opções de produtos e serviços no mercado, e as constantes alterações no comportamento como consumidores, é cada vez mais raro que os clientes aceitem pagar por produtos em aquisições únicas. Além do mais, é cada vez mais comum que produtos estejam se tornando serviços no mercado.

A compra recorrente exige um esforço recorrente com a satisfação do cliente. A abordagem sobre a situação da compra, o atendimento do vendedor e a pergunta fria "está gostando do produto?" já não são suficientes. A satisfação do cliente dá lugar ao sucesso do cliente!

Sucesso dele, mas também o da empresa. Se ele está curtindo a série nova que foi lançada, se a playlist sugerida está realmente adequada, se a disponibilidade do *software* na nuvem resolveu seu problema de acesso em qualquer lugar, todas estas são variáveis e necessidades que levam o consumidor a tomar a decisão de investir mensalmente um valor para ter acesso a um produto ou serviço. Contudo, há tantas outras que o fazem deixar de ver esse valor.

Aqui está o principal ponto para alcançar, de forma satisfatória, o sucesso do cliente: entendê-lo profundamente e buscar a solução para suas limitações. Isso não é possível se o sistema de dados não permite extrair informações precisas sobre o relacionamento que a empresa já teve com ele. Outra dificuldade é quando essas informações não estão acessíveis e disponíveis no momento do atendimento.

Melhor seria se a empresa soubesse que o cliente está tendo problemas em utilizar o produto e fosse proativa em abordá-lo com

capítulo 5

uma solução. Essa é uma característica importante da filosofia de CS, o time tem perfil consultivo e não de vendedor.

Para que isso ocorra, é fundamental que o discurso de venda esteja muito alinhado ao valor que o produto entrega. Não há milagre quando a expectativa do cliente foi frustrada por uma venda equivocada. Por isso, os times de desenvolvimento, vendas e CS precisam estar muito alinhados tanto sobre o perfil dos compradores quanto sobre o que está sendo entregue a eles.

Nos capítulos anteriores, usamos o termo *onboarding* quando mencionamos a importância de fazer uma estratégia de boas-vindas aos novos membros do time. Esse termo também pode ser usado na estratégia de implementação do cliente na empresa. Nesse momento é que se deve fazer o *check-list* do que foi prometido e entregue, da percepção do cliente sobre o que está recebendo, bem como sobre dificuldades e dúvidas que possam surgir no momento da utilização.

Também é a fase inicial do relacionamento, oportunidade para ensiná-lo a ter sucesso com o que comprou; entregar o primeiro valor; dar confiança e a certeza de que fez uma boa compra. Geralmente, esse é o momento em que o time de vendas "entrega" o cliente ao time de *customer success*.

Mensurar essa fase é crucial, pois um *onboarding* eficiente diminui uma métrica importante para a gestão do negócio e finanças: a taxa de clientes perdidos ou *churn rate*.

Passada a fase de entrada, o cliente está no *ongoing* – etapa em que o relacionamento passa para o nível que exige ainda mais proatividade. O CS se torna um especialista no negócio do cliente a ponto de, inclusive, orientar em decisões equivocadas e oportunidades na utilização do produto ou serviço que adquiriu.

Lembremos que são dois os pilares do *customer success* a serem observados: 1) os resultados desejados e 2) os pontos de interação com o cliente.

Essa é a base para a fidelização e o encantamento do cliente. Mais do que isso, os clientes que alcançam sucesso com o produto ou serviço fornecido permanecem na base e são a melhor oportunidade de crescimento para a empresa. São esses clientes que têm a maior propensão de realizar o *up selling* (a ampliação de um plano, ou *ticket* médio gasto) e o *cross selling* (a compra de outro produto casado ou correlato).

Instituir a cultura voltada ao sucesso do cliente é parte da estratégia das startups de sucesso. Acompanhar a trajetória do cliente e pensar em resolver os problemas dele devem ser sempre o objetivo do time e da empresa.

Reforçamos, ainda, a necessidade de mensurar constantemente os resultados e permanecer fiel aos dados. Chamamos sua atenção para as métricas dos capítulos anteriores, em especial das relacionadas ao negócio/finanças: volte para relembrar se for necessário.

5.10 *Design leadership* em startups

Chegamos ao final deste capítulo e passamos por muitos conceitos e ensinamentos que apoiam a startup a desenvolver seu produto, entender seu mercado, seu consumidor, mudar quando for preciso. Discorremos muito sobre dados, testes, metas e mensuração. E mencionamos diversas vezes o termo *design*. Apesar de termos aplicado a tradução – desenho, projeto –, vale pensarmos que a origem da palavra vem do latim *designium*, que quer dizer "significado".

Essa reflexão é interessante para percebermos como fazem sentido as diversas situações em que o termo vem sendo empregado e a percepção sobre a ação que cada momento requer. Dar significado para o pensar, o fazer ou para o liderar.

Empresas orientadas pelo *design* precisam de líderes orientados para gerar significado, valor, propósito.

O *design leadership* é fundamental para impulsionar a inovação nas startups, disseminar as metodologias capazes de gerar valor ao processo, ao produto e aos times. Além disso, é proveitoso para inspirar equipes e estimular o crescimento dentro da empresa.

Ter um fundador da área de *design* não é muito comum no mundo das startups. A tecnologia, comumente, é a área predominante, o que deixa a lacuna criativa na visão da composição do negócio.

capítulo 5

Sem o ponto de vista de um líder criativo, a tomada de decisão será preponderantemente do perfil analítico e técnico.

Nesse caso, a contratação de profissionais de *design* não substitui a posição desse perfil com alto poder de decisão. O time de *designers* precisa de uma liderança eficiente e que entenda a subjetividade das decisões, que podem render uma enorme lucratividade construindo produtos *premium*.

O entendimento do papel que a liderança em *design* tem nas organizações não é algo novo. Muitas empresas com liderança em *design* são admiradas por seus clientes e valorizadas pela comprovada capacidade de gerar valor aos acionistas e fundadores. Em 2007, o Design Council, Conselho de Design do Reino Unido, publicou um estudo chamado The Value of Design (O valor do *design*), comprovando o valor do *design* para os acionistas. A pesquisa do Design Council (2007) analisou 1.500 organizações em todo o Reino Unido e definiu 250 delas como empresas lideradas por *design*, em que o uso do *design* teve um impacto direto em medidas-chave, como competitividade, participação de mercado, vendas e emprego.

Um dos dados importantes da pesquisa é a constatação da presença de gerência sênior como maioria onde os *designers* são encontrados.

Gráfico 5.2 – Níveis em que as empresas que lideram em *design* empregam um *designer* qualificado

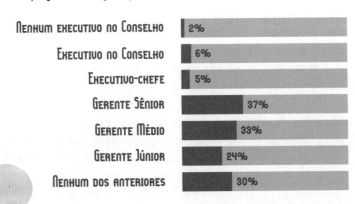

Fonte: Design Council, 2017, p. 20, tradução nossa.

O Design Management Institute (DMI), influenciado por um estudo no Reino Unido, fez um levantamento para rastrear empresas *design centric* (centradas no *design*) no mercado estadunidense por mais de 10 anos, e revela uma vantagem financeira significativa no valor das ações (DMI, 2013).

O DMI é uma organização internacional com foco na conexão do *design* com os negócios, a cultura, os clientes e o mundo em mudança. Fundado em 1975, o DMI reúne educadores, pesquisadores, *designers* e líderes de todas as disciplinas de *design*, todos os setores e todos os países para facilitar a mudança organizacional transformacional e a inovação orientada ao *design*.

Uma constatação importante do estudo é a de que as empresas orientadas ao *design* superaram o S&P Index1* em 220% entre 2004 e 2014. A influência do *design* em empresas como Apple, Nike, Starbucks, Starwood e Target é evidente a partir do *hardware*, *software*, produtos e experiências de clientes superiores que cada companhia cria, como mostra o Gráfico 5.3.

Gráfico 5.3 – Índice Design-Centric da DMI

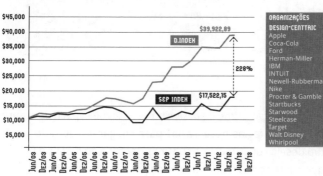

Fonte: DMI, 2013, p. 11.

---

* S&P 500, abreviação de *Standard & Poor's* 500, ou simplesmente S&P, trata-se de um índice composto por 500 ativos (ações) cotados nas bolsas de NYSE ou Nasdaq, qualificados devido a seu tamanho de mercado, sua liquidez e sua representação de grupo industrial. O S&P 500 é um índice ponderado de valor de mercado (valor do ativo multiplicado pelo número de ações em circulação) com o peso de cada ativo no índice proporcional ao seu preço de mercado.

A pesquisa também demostrou como é difícil levantar e avaliar métricas relacionadas a *design* no sucesso do negócio. O *design* é totalmente integrado à cultura dessas principais empresas, não é um departamento, ou atividade, separado, que possa ser facilmente analisado, como outros investimentos em pesquisa, *marketing* ou operações. A análise levou a três padrões de como as organizações usam o *design*: primeiro, como serviço; segundo, como catalisador de mudanças organizacionais; terceiro, como recurso estratégico de *design thinking* para reformular modelos e mercados de negócios. Os padrões são detalhados na Figura 5.2.

Figura 5.2 – Melhores práticas no *design* organizacional

Fonte: DMI, 2013, p. 13.

Sem liderança, o time de *design* não consegue espaço para aprofundar as estratégias necessárias para chegar a resultados. Se a startup deseja construir uma cultura orientada ao *design*, é primordial que conte com um líder de *design* para fornecer visibilidade no nível executivo.

Outro fator importante na liderança de *design* é a preocupação com a diversidade, não apenas na estrutura interna da empresa, mas também com a diversidade com que seu produto ou serviço será utilizado. Pensar em inclusão no momento de fornecer uma solução ao mercado é cumprir não só seu papel social, mas também ampliar o mercado consumidor. Desenvolver produtos e serviços centrados nas pessoas exige a atenção especial à causa da inclusão – considerando diferenças de pessoas e habilidades no momento do consumo. A diversidade gera maior empatia entre o time e o cliente. Pode parecer óbvio, mas encontrar líderes em *design* no mercado, ainda mais com perfil para trabalhar em startup, é um grande desafio. Se a startup está entre a maioria que não tem o perfil de *design* entre os fundadores, é preciso preparar sua estrutura organizacional para recebê-lo, levando em conta essas informações.

Lembremos que o time C-*level* (CEO e os outros cargos do alto escalão executivo) precisa estar preparado para dar o espaço que esse profissional precisa na mesa de discussão e nas tomadas de decisão.

Para os líderes em *design*, alguns pontos são fundamentais:

- Alinhar os objetivos da empresa ao time de *designers*, usar o perfil de *designer* no desafio de montar ou organizar o time.
- Priorizar os desafios e empregar o tempo nas ações de maior impacto.
- Definir de forma clara os objetivos da empresa que a área vai impactar e os resultados esperados.
- Definir um fluxo constante de comunicação e *feedbacks* com a equipe.
- Preparar-se para lidar (colaborar e discutir) com os C-*levels*.
- Guardar um tempo para planejar e permanecer inspirado.
- Criar uma rede de mentores e apoiadores da sua área dentro e fora da organização.

Tanto para quem contrata quanto para os profissionais que pretendem fazer carreira em *design* um ponto é importante: esteja preparado para alinhar propósito com resultado e aberto a pontos de vista diferentes.

Capítulo 6

Cenário brasileiro de startups

Ao longo deste livro, procuramos fornecer muitas referências atuais sobre o cenário brasileiro de startups. Cada vez mais, o país se estrutura e organiza *rankings* e dados para fortalecer e apoiar empreendedores e *stakeholders*.

No final deste capítulo, estão alguns dos principais estudos e *rankings*, bem como instituições de apoio a startups nacionais e internacionais relevantes. Aconselhamos que eles sejam mantidos no radar para permanecermos atualizados e buscarmos oportunidades.

Na próxima seção, apresentamos algumas entrevistas que mostram o que pensam alguns empreendedores e investidores brasileiros.

6.1 Gestão de startups na visão dos empreendedores e investidores brasileiros

Para um bom processo de criação de negócio, ouvir os *stakeholders* é muito proveitoso. Com este livro, não poderia ser diferente.

Por isso, convidamos alguns dos profissionais mais influentes do cenário de startups brasileiro para expor sua visão sobre os principais temas abordados neste livro.

Iniciamos com o CEO da startup Ebanx – unicórnio brasileiro que atua na área de *fintech* (empresa de tecnologia para área financeira).

O Ebanx é uma startup que nasceu em 2012, em Curitiba, com o propósito de ajudar o consumidor brasileiro a comprar em *sites* globais, todavia, estes também queriam vender para um dos maiores mercados do mundo. Na maioria desse *sites*, a única forma de pagamento era o cartão de crédito internacional e, sabemos, essa não é a realidade da maioria da população.

A solução criada pela startup foi implementar soluções de pagamento local, como boleto bancário, nas transações. Com isso, o Ebanx já ajudou mais de 40 milhões de consumidores latino-americanos a comprar, da forma como estão acostumados, em *sites* internacionais, principalmente da China. Sete anos depois, o Ebanx é considerado uma das maiores startups brasileiras com um valor de mercado que ultrapassa 1 bilhão de dólares.

Vamos saber um pouco sobre o perfil do fundador do Ebanx? Com a palavra, Alphonsus Voigt, em entrevista concedida por *e-mail* em 17 de junho de 2020:

Figura 6.1 – Alphonse Voigt, CEO e co-founder Ebanx

Alphonse Guilherme Voigt

Alphonse, para você, empreendedorismo é um *softskill*? Quais são as principais habilidades de que uma pessoa precisa para empreender?

É estilo de vida, é busca pela liberdade, no meu caso.

Quais as principais diferenças que você percebe no empreendedor convencional e no empreendedor de startup?

Um deles busca o lucro (convencional) e o outro busca o crescimento acima de tudo, escala (startup). Outra grande diferença é a forma de se relacionar com os colaboradores.

Pode contar um pouco sua trajetória, citar alguns erros e acertos e as principais decisões que fizeram você chegar até aqui?

Sou meio esponja, me apego muito a exemplos. Então, tento absorver o melhor de cada uma das grandes mentes com que tive contato na minha vida. E foram muitas, tive sorte nesse sentido. Sempre me deram muita abertura para ser ouvido. Devo isso a nossa sociedade.

Na sua visão, por que a taxa de mortalidade de startups no Brasil é alta e quais os principais pontos que os empreendedores de impacto pecam na estruturação de seus negócios?

Não pensam no básico, que é a monetização da ideia, nem no tamanho do problema que querem resolver e no tamanho do mercado em que querem atuar, que devem ser grandes/gigantes.

Da ideia que vai melhorar o mundo à monetização. Por que é tão difícil para as startups encontrarem o ponto de equilíbrio e formas de monetizar seus negócios?

Aí falta a cabeça do empreendedor convencional nos startupeiros. Pensar no lucro, na última linha do balanço. Pensam primeiro no *pitch* para o investidor do que no *pitch* para o cliente.

No geral, você acredita que os empreendedores brasileiros têm a visão de escala e internacionalização de que o negócio startup precisa? Qual, em sua opinião, é a diferença entre o startupeiro brasileiro e o do Vale do Silício?

No Vale, ele tem mais acesso a tudo, mas o mercado é mais competitivo. É mais fácil você fazer um negócio global partindo de lá do que daqui, desde que tenha os elementos para tal. Qualquer negócio lá já nasce meio global, aqui não.

Quais são as áreas que apresentam maiores gargalos para as startups na fase de crescimento. Finanças, *marketing*, RH?

Finanças é um problema, ninguém olha para isso, e RH é fundamental. Mas o principal é vendas. Se não vender, morre. E um cofundador *techie* (de tecnologia) também é chave.

Sobre o momento de estar frente a frente com o investidor, quais experiências você compartilharia com outros empreendedores para alcançarem o sucesso?

Tente achar o investidor com que você se dá bem em todos os sentidos, pois é uma relação longa. Tem que ter *fit* cultural.

GESTÃO DE STARTUPS: DESAFIOS E OPORTUNIDADES

> Existe uma "fórmula ideal" para a composição societária da startup – áreas, perfis, dedicação? O que os anos de mercado te mostraram sobre essa relação na construção de um negócio de sucesso?
> Não distribua *equity* a preço de banana no início.
>
> Como o Brasil está comparativamente a outros países com relação ao mercado, desenvolvimento, investimento e expansão de startups? Se pudesse escolher, em qual país/cidade você criaria uma nova startup?
> Brasil indo bem, ecossistema ficando forte. Criaria em Curitiba, é claro.
>
> E, então, o mundo parou, a Covid-19 trouxe lições e aprendizados. O que você pode dizer para esses jovens que começam agora, nesse novo normal?
> Não tenha todos seus ovos numa cesta só.

A seguir, transcrevemos a entrevista concedida por Leonardo Jianoti, investidor em *venture capital* da Curitiba Angels e Platta Investimentos, em 14 de junho de 2020:

Figura 6.2 – Leonardo Jianoti

Leonardo Barros Jianoti

> Leo, sobre empreendedorismo, quais são as principais habilidades de que uma pessoa precisa para empreender?
> Acho que empreendedorismo é uma atitude, derivada de um conjunto de *softskills*, como percepção do outro (pré-empatia), comunicação, conexão de ideias, resiliência, inteligência emocional e venda/convencimento.

Quais as principais diferenças você percebe no empreendedor convencional e no empreendedor de startup?

O empreendedor de startup consegue perceber um ritmo de aceleração artificial que vai construir um modelo escalável em médio e longo prazos.

Conta um pouco sobre sua trajetória, da consultoria até os investimentos.

Depois de anos com consultoria no Brasil e no exterior para estudos estratégicos em investimentos não tradicionais, como créditos de carbono e pagamentos por serviços ambientais, fui chamado para ajudar famílias a tomarem decisões de investimentos. Nesse ambiente, conheci projetos pequenos mas com grande potencial, chamados de startups. Percebi que se tratava da mesma rota que lidava com negócios mais maduros, porém com ritmo e lógicas diferentes. Resolvi apostar em alguns deles e se tornaram grandes corporações de sucesso. Acho que a grande inspiração dessa jornada foi a cooperação horizontal entre os participantes.

Em sua visão, por que a taxa de mortalidade de startups no Brasil é alta e quais os principais erros que os empreendedores de impacto cometem na estruturação de seus negócios?

A taxa de mortalidade de qualquer negócio no Brasil é altíssima. Nosso ambiente de negócios não é favorável. Para as startups, o desafio é maior porque existem mais incertezas em jogo, assim como o ritmo é muito mais acelerado do que um crescimento orgânico permitiria.

Por que é tão difícil para as startups encontrar o ponto de equilíbrio e formas de monetizar seus negócios?

Acho que depende do grau de disrupção proposto. Implantar mudanças em um mercado sempre sofre resistências. É preciso criar um sistema de convencimento de consumidores e fornecedores de que é possível entregar valor daquela forma proposta.

A respeito do momento de estar frente a frente com o investidor, quais são os principais aspectos que você avalia?

Sem pestanejar: TIME. Nós investimos no jóquei, não no cavalo. Se o time for bom, analisamos com cuidado a tração que o negócio apresenta ou a tese que tem, dependendo do estágio. E ainda, o total de mercado endereçável.

A próxima entrevista foi concedida por Guilherme Coutinho Calheiros, da Prefeitura do Recife e da Associação Nacional de Entidades Promotoras de Empreendimentos Inovadores (Anprotec), em 15 de junho de 2020:

Figura 6.3 – Guilherme Coutinho Calheiros

Guilherme Coutinho Calheiros

Guila, para você, empreendedorismo é um softskill? Quais são as principais habilidades de que uma pessoa precisa para empreender?

Acredito que, para ser empreendedor, o profissional precisa tanto desenvolver suas habilidades comportamentais (*softskills*) quanto suas habilidade **técnicas** (*hardskills*). De nada adianta ao empreendedor sua capacidade criativa, de conviver com o risco e encontrar oportunidades onde ninguém mais enxerga, se lhe falta o conhecimento e habilidade de transformar essa ideia em realidade. O empreendedor é aquele que ao mesmo tempo cria e desenvolve soluções, consegue desenhar e realizar o caminho necessário para levar essa solução ao mercado.

Quais as principais diferenças você percebe no empreendedor convencional e no empreendedor de startup?

A diferença entre um empreendimento "convencional" e uma startup é que a última é uma "organização temporária projetada para buscar um modelo de negócio escalável e repetível" [Steve Blank]. É uma organização com data de validade. Se não alcançar seu objetivo, ela deixa de existir, se alcançar, ela deixa de ser uma startup. Assim, um empreendedor em uma startup tem como principal adversário o tempo e seu foco é no modelo de negócio e não no produto ou serviço oferecido.

Os planos, estratégias e metas precisam ser feitos de forma incremental, a partir de erros e acertos, até o ponto em que ela [startup] alcance musculatura e maturidade para escalar no mercado escolhido. Dessa forma, acredito que as principais diferenças são: mais habilidade em transformar fracasso em aprendizado; menos perfeccionismo; sem apego ao produto ou serviço; profundo sentimento de urgência; e foco na capacidade de entregar mais com menos.

Pode contar um pouco sua trajetória, citar alguns erros e acertos e as principais decisões que lhe fizeram chegar até aqui?

Não sou empreendedor, mas há mais de 15 anos trabalho para criar as condições e ambiente adequado ao empreendedor. Minha grande escola foi o Parque Tecnológico Porto Digital, onde pude conviver e apreender com pessoas como Silvio Meira, Claudio Marinho e Francisco Saboya. No período em que trabalhei no Porto Digital, pude contribuir para transformar o Centro Histórico do Recife num dos principais ecossistemas de inovação da América Latina. Dentre os erros nessa jornada, posso citar: deixar para depois o que poderia ter feito antes; ser guiado pela agenda dos outros e não pela sua estratégia; e concentrar demasiadamente as fontes de financiamento em um cliente. E dentre os acertos: nunca entrar em sua zona de conforto, se desafiar todo dia e aprender sempre; se cercar de pessoas competentes e comprometidas com seu projeto; e dizer não sempre que necessário, mesmo que isso não seja bom para o seu interlocutor.

Em sua visão, por que a taxa de mortalidade de startups no Brasil é alta e quais os principais erros que os empreendedores de impacto cometem na estruturação de seus negócios?

Primeiro, a mortalidade é alta porque a startup é feita para morrer. Cabe ao empreendedor aprender com os erros e se reinventar. Segundo, há pouco capital de risco no Brasil e o pouco que existe está superconcentrado em São Paulo. Sem capital de risco, não há combustível para as startups. O maior erro do empreendedor é focar na tecnologia (solução) e não no negócio (problema).

Conhecimento de legislação nem sempre é um ponto forte dos empresários. Quais são os principais gargalos jurídicos das startups no Brasil?

Não contar com uma legislação específica para as startups que considere suas principais especificidades: trabalhar em negócios de alto risco e temporalidade. O marco legal das startups deve cobrir grande parte desses gargalos.

capitulo 6

No geral, você acredita que os empreendedores brasileiros têm a visão de escala e internacionalização de que o negócio startup precisa?

Não, são poucos os empreendedores de startups que pensam no mercado global. A nossa grande diferença é a falta de cultura do brasileiro em interagir com o mercado internacional, seja pelo tamanho do mercado interno, seja pela barreira da língua. E a falta de uma política de longo prazo para mudar essa cultura.

Quais são as áreas que apresentam maiores gargalos para as startups na fase de crescimento?

Capital de risco.

Existe uma "fórmula ideal" para a composição societária da startup – áreas, perfis, dedicação? O que os anos de mercado te mostraram sobre essa relação na construção de um negócio de sucesso?

Não há fórmula, há princípios e boas práticas. Quanto mais heterogênea é a composição, melhor. Os sócios precisam somar conhecimento, experiências e perfis diferentes. Um deve complementar o outro. Ao mesmo tempo, é preciso ter alinhamento e confiança.

Pode citar cinco pontos mais críticos e cinco maiores oportunidades que a pandemia trouxe ao negócio das startups?

Pontos críticos: nunca acredite que você sabe o que vai acontecer no dia de amanhã; esteja sempre com um plano de contingência engatilhado; crie redes estruturadas de parceiros e colaboradores; nunca pense apenas no seu negócio, entenda a sua cadeia de valor; defina claramente o propósito de seu negócio, qual o bem que o negócio faz pra sociedade e para seu ecossistema, qual será seu legado.

Oportunidades: soluções baseadas em internet das coisas; soluções para o setor de saúde; soluções para os problemas das cidades; soluções em segurança cibernética; soluções para os problemas sociais e ambientais.

6.2 Fontes para pesquisa e consulta

Indicamos, a seguir, alguns dos principais estudos, *rankings* e instituições de apoio a startups, nacionais e internacionais, relevantes, cujos dados estão na seção Referências deste livro. Iniciamos pelas nacionais:

Abstartups

- Os mapeamentos de comunidades em 2019
  A Abstartups (2019b) elaborou um estudo em 30 comunidades pelo Brasil para ajudar a identificar quais e quem são esses agentes de cada região que se dedicam a fomentar o ecossistema empreendedor. Os estudos estão disponíveis no *site* Abstartups na aba Comunidades.

- StartupBase
  Mantida pela Abstartups, é a maior e mais completa base de dados do ecossistema brasileiro de startups. No mapeamento, o usuário tem acesso a um levantamento de startups por segmento, estado, cidade, público-alvo, fase, modelo de receita e *badges* (local). A pesquisa pode ser feita no *site* Abstartups na aba StartupBase (Abstartups, 2021a).

- Radiografia do ecossistema brasileiro de startups
  Esse é um estudo realizado pela Abstartups em parceria com a Accenture, líder global em soluções e estratégia de negócios, com o objetivo de entender o momento atual do ecossistema brasileiro e levantar ações para o seu desenvolvimento no futuro. O estudo está publicado no artigo escrito por Ana Flávia Carrilo (Carillo, 2021).

Distrito

- *Reports*
  Com um banco de dados sobre as startups do Brasil, o Distrito produz relatórios segmentados sobre as principais tendências, aplicações e consequências das novas tecnologias no mercado e na vida dos consumidores. Os *reports* estão disponíveis por setor, região e edições especiais. A maioria dos acessos é gratuita.

capítulo 6

Endeavor

Na aba Pesquisas do *site* da Endeavor, encontramos os seguintes estudos:

- Tributação e crescimento das empresas no Brasil
  A realidade do sistema tributário brasileiro está muito distante do ideal. No entanto, as dificuldades para navegar não são as mesmas para todas as empresas. Nesse material, são divulgadas algumas descobertas importantes.
- Panorama das empresas de alto crescimento
  O resultado apontado nesse panorama foi alcançado com base na seguinte questão: Quais são os padrões de crescimento das empresas de alto crescimento (EACs) persistentes no Brasil?
- Índice de cidades empreendedoras
  O que faz uma cidade ser boa para empreender? É possível descobrir no Índice de Cidades Empreendedoras (ICE), o principal estudo sobre o ambiente de negócios das cidades brasileiras.

Snaq by Fisher

Antes denominado Fisher Content, é uma plataforma de conteúdo 360° sobre inovação e tecnologia criada dentro do ecossistema de startups.

A seguir, listamos alguns estudos e pesquisas internacionais:

- Crunchbase
  A Crunchbase é uma plataforma de informações sobre o mercado, que já pertenceu ao grupo AOL. Hoje, é uma plataforma privada que reúne análises e tendências de mercado sobre pessoas, empresas e investidores, além de notícias sobre o setor.

- Pesquisa Global Entrepreneurship Monitor (GEM)
  Avaliação anual do nível nacional da atividade empreendedora. O GEM é o maior estudo contínuo sobre a dinâmica empreendedora. A pesquisa 2020 está disponível no *site* do Instituto Brasileiro de Qualidade e Produtividade (IBPQ).

- The Global Startup Ecosystem Report
  Realizado pela organização Startup Genome, o Relatório Global de Ecossistemas de Inicialização 2020 (GSER – Global Startup Ecosystem Report) da Startup Genome e Global Entrepreneurship Network é a pesquisa mais abrangente e amplamente lida no mundo sobre ecossistemas de startups. A atualização de 2020 está disponível no *site*.

- Socialbakers
  A Socialbakers é uma empresa de análise e desempenho de *marketing* digital que realiza estudos sobre as tendências nos mais diversos segmentos e plataformas.

Existem outros estudos e instituições importantes, mantenha-se atualizado para estar pronto para as ondas de transformação digital e comportamental que os estudos mostram.

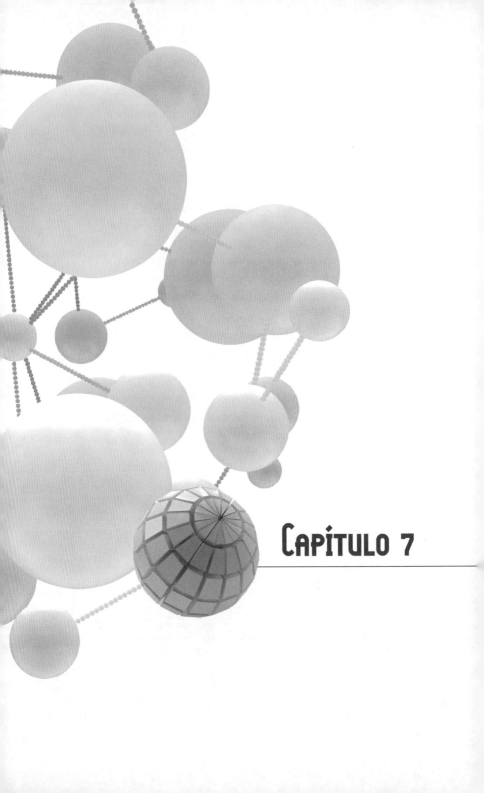

Capítulo 7

Mudanças da sociedade após a pandemia da Covid-19

Aqui inicio com um relato pessoal. Era dezembro de 2019, quando iniciei a escrita deste livro, estava com o planejamento de 2020 consolidado para a empresa que gerencio, times organizados, orçamentos aprovados para os projetos que se iniciariam com o novo ano. O ano de 2020 representava para o meio empresarial a promessa da melhora econômica, as empresas de diversos setores mantinham projetos de expansão e crescimento. Na política, apesar das controvérsias, pautas importantes estavam sendo aprovadas, como a reforma da previdência, a reforma tributária e, no radar, a reforma política.

O ano de 2020 seria de prosperidade, avanço internacional e consolidações de seguidas de ondas positivas para o Brasil e para o mundo. Mesmo com dificuldades naturais, acreditávamos que estaria tudo certo se seguíssemos os planos.

Mas o ano da pandemia também nos mostrou que, além do planejamento, empresas e pessoas precisam se adaptar. A ideia do evolucionismo na biologia passa pelo processo de adaptação das espécies a meios em contínua mudança. O mundo dos negócios vivenciou essa necessidade em meio à maior crise da história moderna mundial.

A pandemia do coronavírus afetou os projetos de curto e de longo prazos. Diferentemente das seguidas crises econômicas por que passamos dos anos 1990, 2008 e 2012, a crise provocada pela Covid-19 partiu da preocupação com a saúde, com a vida da população. A pandemia afetou os negócios e as economias e despertou momentos de reflexão e tomada de ação em todos os países.

Nesse momento de grande incerteza, a grande maioria das pessoas parou por um instante para refletir sobre três aspectos fundamentais para o ser humano: primeiro, olhar para si próprio – em uma reflexão sobre a vida, os valores e o futuro; segundo, olhar para o outro – para quem está próximo, seja por preocupação, seja por medo do contágio; terceiro, olhar para o planeta – avaliar a globalização, os impactos ecológicos que nosso comportamento gera e nossa forma de consumo. Impossível sairmos iguais dessa crise depois dessas reflexões.

capítulo 7

7.1 Breve histórico da evolução da doença

Em dezembro de 2019, médicos em Wuhan, na China, se depararam com os primeiros pacientes com um quadro pulmonar grave e, em pouco tempo, entenderam que se tratava de um novo vírus, o SARS-CoV-2, um coronavírus, causador da Covid-19. Em pouco mais de 30 dias, seu grau de transmissibilidade alarmava líderes do mundo todo, que olhavam com preocupação as ações tomadas pelo governo chinês. Em fevereiro de 2020, outros países da Europa e da Ásia já computavam mortos pelo coronavírus. No dia 11 de março de 2020, a Organização Mundial da Saúde (OMS) declarou a situação como uma pandemia. Nesse momento, o número de casos de Covid-19, fora da China, aumentava 13 vezes e o número de países afetados triplicava.

O olhar atônito de líderes, empresários, classe médica e da população do mundo todo se voltou para a causa sanitária. O distanciamento social se mostrou a ação mais eficiente na contenção do coronavírus, cuja taxa de transmissão é altíssima e se mostrou implacável com a população idosa ou portadores de doenças respiratória, cardíaca e arterial. O número de mortos pela Covid-19 no mundo, em agosto de 2021, já estava perto de 4,5 milhões de vítimas fatais e 216 milhões de contaminados, segundo a OMS.

Gráfico 7.1 – Distribuição global de casos da Covid-19

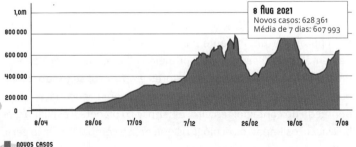

Fonte: GitHub, 2021; Our World in Data, 2021.

O quadro a seguir complementa o Gráfico 7.1.

Quadro 7.1 – Covid-19: situação em 6 de julho de 2020

Continente	Total de casos	Total de mortes
América do Norte e América Central	3,379,100	172,000
América do Sul	2,422,800	91,100
África	356,700	6,700
Europa	2,774,200	199,900
China	85,300	4,600
Oceania	9,600	100
Oriente Médio	1,153,200	27,100
Ásia (exceto China)	1,047,600	27,180

Fonte: Elaborado com base em GitHub, 2021; Our World in Data, 2021.

O cenário desde então foi de estresse e incerteza, pois, sem vacina, a decisão de fechamento total ou parcial das cidades para preservar a vida de seus habitantes também foi uma dura realidade para as economias, em todos os níveis.

Em dezembro de 2020, a mídia internacional noticiava o início da vacinação em vários países. No dia 8 de dezembro de 2020, o Reino Unido se tornou o primeiro país do Ocidente a vacinar a população, seguido por Estados Unidos, Canadá e União Europeia. Em março de 2021, as vacinas chegaram ao Brasil. As várias vacinas de fabricantes diferentes foram desenvolvidas em tempo recorde, em menos de 12 meses. Desenvolvidas e aprovadas por agências reguladoras em todo o mundo.

O avanço da vacinação permitiu a retomada da circulação de pessoas, mas os picos nas medidas restritivas perduraram, o que continua afetando todos os setores da economia e provocando mudanças comportamentais importantes na população. Mesmo com a retomada das atividades após a crise do coronavírus, muitos desses comportamentos permanecerão e os setores terão enfrentado tamanha mudança para continuarem ativos que há estimativas de que as cidades não voltarão à normalidade. Experimentaremos um período de um "novo normal", ou de um "próximo normal".

Como o início da contaminação pelo coronavírus foi diferente em cada lugar, houve um movimento de retomada da economia em fases distintas também. Ainda assim, quanto mais o tempo de contaminação avançava, maiores foram os impactos sentidos na economia em todo o mundo.

Tabela 7.1 – Percepção geral sobre a atual situação econômica no mundo

	Média 2013-2019	2019	2020	2021	2022	2020 Q$	2021 Q4	2022 Q4
		Percentual						
Crescimento real do PIB[1]								
Mundo[2]	3.3	2.7	-3.5	5.8	4.4	-0.9	4.4	3.4
G20[2]	3.5	2.8	-3.1	6.3	4.7	-0.4	5.0	3.4
OECD[2]	2.2	1.6	-4.8	5.3	3.8	-2.9	5.1	2.5
Estados Unidos	2.5	2.2	-3.5	6.9	3.6	-2.4	7.4	1.5
União Europeia	1.8	1.3	-6.7	4.3	4.4	-4.7	4.6	2.9
Japão	0.8	0.0	-4.7	2.6	2.0	-1.0	1.4	1.2
Não OECD[2]	4.3	3.7	-2.3	6.2	4.9	0.9	3.8	4.2
China	6.8	6.0	2.3	8.5	5.8	5.7	5.9	5.2
Índia[3]	6.8	4.0	-7.7	9.9	8.2			
Brasil	-0.3	1.4	-4.1	3.7	2.5			
Taxa de desemprego[4]	6.5	5.4	7.2	6.6	6.0	6.9	6.5	5.7
Inflação[1-5]	1.7	1.9	1.5	2.7	2.4	1.4	3.1	2.4
Balança fiscal[6]	-3.2	-3.1	-10.8	-10.1	-6.0			
Crescimento real do comércio mundial[1]	3.4	1.3	-8.5	8.2	5.8	-4.7	6.4	4.8

1. Mudanças percentuais; as últimas três colunas mostram a mudança ao longo de um ano anterior.
2. Peso nominal do PIB, considerando equidade de poder de compra.
3. Ano fiscal.
4. Percentual da força de trabalho.
5. Deflator de consumo privado.
6. Percentual do PIB.

Fonte: OECD, 2021, tradução nossa.

As perspectivas de retomada econômica são diferentes ao redor do mundo. O relatório da Organisation for Economic Co-operation and Development (OECD – Organização para a Cooperação e Desenvolvimento Econômico), de maio de 2021, mostra que as economias mais avançadas apresentaram um aumento no PIB global de pouco mais de 5% em 2021 e perto de 4% em 2022 (Tabela 7.1).

No entanto, em muitas economias de mercados emergentes como o Brasil, fatores como a implementação tardia da vacinação, novos surtos e variantes da Covid-19 continuarão a conter o crescimento por algum tempo. Na quarta coluna, que mostra o percentual de crescimento de 2021, podemos ver o crescimento previsto dos Estados Unidos de 6,9%, enquanto o do Brasil fica em 3,7%.

7.2 Transformação digital acelerada

"Este não é o normal, são tempos de estresse e incertezas. É também um período em que o trabalho que estamos fazendo é mais crítico"
(Bezos, 2020).

Essa foi a primeira frase da carta que Jeff Bezos, presidente da Amazon, enviou para seus funcionários em 21 de março de 2020. E ele tinha toda a razão.

"Nós estamos fornecendo um serviço vital para pessoas em todos os locais, especialmente para aqueles, como os idosos, que são mais vulneráveis. As pessoas dependem de nós" (Bezos, 2020). Na carta, o empresário estadunidense continua valorizando o trabalho dos funcionários da Amazon, mas, principalmente, sinalizando um comportamento que teve um aumento exponencial por causa da pandemia: a compra e entrega *on-line*.

capítulo 7

Em um período em que a grande maioria das empresas do mundo sofria com perdas substanciais – perdas esperadas por interrupções operacionais terão em média 45% do EBITDA* no ano (McKinsey & Company, 2020) –, a Amazon teve o maior faturamento da história.

Segundo o relatório da Bloomberg (2021), em 2021 a fortuna de Jeff Bezos aumentou cerca de 8 bilhões de dólares, alcançando o patamar dos 200 bilhões de dólares em patrimônio. Estes são números que se explicam com a valorização das ações da empresa, com média de crescimento de 4,7%.

Além da Amazon, empresas como Netflix e Zoom têm contribuído para acelerar a transformação digital dos consumidores. O distanciamento social exigido para a contenção do coronavírus estimulou o consumo *on-line* e as entregas em casa, comportamentos em franca expansão com as pessoas em isolamento.

Se, por um lado, as empresas de tecnologia cresceram, por outro, toda a economia sofreu com os impactos. Setores ligados ao turismo e ao varejo e os pequenos negócios lutaram para continuar vivos enquanto a taxa de desemprego aumentava.

A adoção de produtos e serviços digitais certamente será crescente e rápida. Muitos consumidores fizeram sua primeira compra ou transação *on-line* no período da pandemia, desenvolvendo um novo hábito de consumo.

Alguns hábitos serão incorporados com o digital onipresente; a fidelidade e a infidelidade caminharão juntas com relação a marcas; o consumo será *low touch* (de baixo contato físico); o consumo será mais caseiro; metrópoles já são menos valorizadas em virtude da busca de mais qualidade de vida em cidades menores.

Essas conclusões estão detalhadas na Figura 7.1, que ilustra a transformação no comportamento do consumo, tanto B2B (*business-*

---

* Ebitda é a sigla, em inglês, para *earnings before interest, taxes, depreciation, and amortization* (Lucros antes de juros, impostos, depreciação e amortização). O termo é utilizado no mercado de investimentos como indicador para avaliar quanto a empresa gera de recursos apenas em suas atividades operacionais, sem considerar investimentos financeiros, empréstimos e impostos.

-to-business, ou comércio entre empresas) quanto B2C (business-to--customer, ou comércio entre a empresa e o consumidor final).

O volume de compras em lojas físicas aparece muito abaixo do on-line. Quando é perguntado se está propenso a consumir produtos de outras marcas, o consumidor não tem dúvidas sobre essa migração para marcas, sites e lojas diferentes. Os números no gráfico central mostram que 18% trocaram suas marcas favoritas nesse período e 64% estão propensos a manter esse comportamento no futuro.

Ainda, a expectativa para depois da pandemia é aumentar o consumo em lojas on-line e viagens locais, por exemplo. Diminuindo, significativamente, a circulação em ambientes de shoppings e viagens internacionais.

Devemos levar em conta, no entanto, que a pesquisa foi feita no auge da pandemia na maioria dos países. Um período de poucas certezas sobre tratamentos e cura.

Figura 7.1 – Tendências para o próximo normal

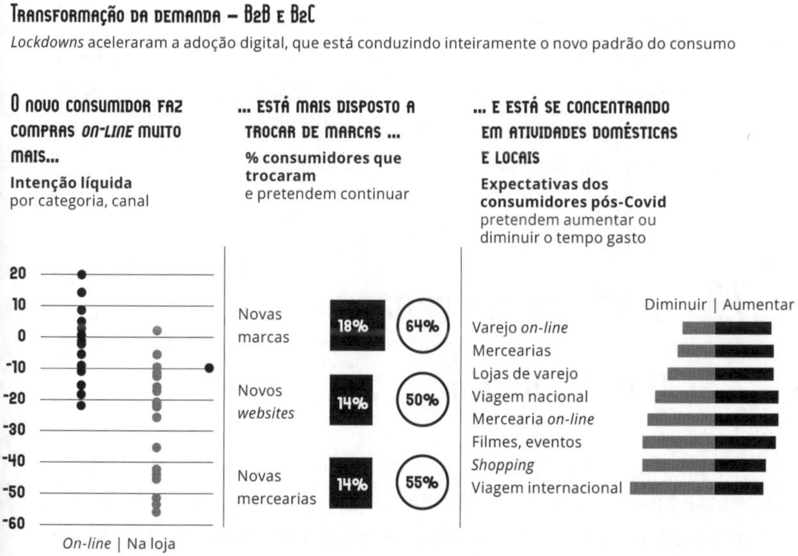

TRANSFORMAÇÃO DA DEMANDA – B2B E B2C

Lockdowns aceleraram a adoção digital, que está conduzindo inteiramente o novo padrão do consumo

O novo consumidor faz compras ON-LINE muito mais...
Intenção líquida por categoria, canal

... ESTÁ MAIS DISPOSTO A TROCAR DE MARCAS ...
% consumidores que trocaram e pretendem continuar

Novas marcas	18%	64%
Novos websites	14%	50%
Novas mercearias	14%	55%

On-line | Na loja

... E ESTÁ SE CONCENTRANDO EM ATIVIDADES DOMÉSTICAS E LOCAIS
Expectativas dos consumidores pós-Covid pretendem aumentar ou diminuir o tempo gasto

Diminuir | Aumentar

Varejo on-line
Mercearias
Lojas de varejo
Viagem nacional
Mercearia on-line
Filmes, eventos
Shopping
Viagem internacional

Fonte: McKinsey & Company, 2020, p. 25, tradução nossa.

capítulo

7

O trabalho a distância parece ser outro comportamento que permanecerá de alguma forma. No início da pandemia, grande parte da força de trabalho dos mais diversos setores aderiu ao *home office* como opção para manter seus negócios ativos. As dificuldades de plataformas e segurança cibernética, bem como a adequação de rotina dos times e ambientes propícios para o trabalho em casa foram dando lugar a ganhos de produtividade e satisfação por parte dos líderes e dos funcionários em todo o mundo.

No Brasil, para compreender os impactos da adoção do trabalho remoto para grande parte da população e de empresas brasileiras diante do cenário de distanciamento social, Fabian Salum e Karina Coleta, professores e pesquisadores da Fundação Dom Cabral (FDC), com o apoio da Grant Thornton Brasil, fizeram um levantamento no período de 26 de março a 5 de abril de 2020 (Salum; Coleta, 2020).

A pesquisa mostrou que 31% dos entrevistados consideravam-se mais produtivos em *home office* e 38% consideravam que tinham a mesma produtividade de antes. Ainda, para 54%, o trabalho remoto é considerado uma possibilidade viável, mesmo sem a obrigatoriedade do distanciamento social (Salum; Coleta, 2020).

A adequação das empresas e das pessoas a essa forma de trabalho em tempo recorde mostrou como as crises podem gerar oportunidades e que, diante de um cenário desafiador, as pessoas e os negócios se adaptam (Salum; Coleta, 2020).

7.3 Startups no cenário pós-pandemia

A essência de se transformar com velocidade ajudou as startups nesse momento de crise. Mesmo as que atuam em segmentos altamente afetados mostram uma capacidade de recuperação maior do que outros setores.

Um exemplo é a Gympass, unicórnio brasileiro, startup que atua no mercado de academias que ficou por vários meses completamente fechado. A Gympass conta com quase 50 mil academias parceiras no Brasil, 90% delas de pequeno porte. Com as atividades interrompidas, uma das iniciativas da empresa foi a implementação de uma plataforma de aulas virtuais. Além disso, a plataforma proporcionou para seus clientes opções além das atividades físicas, como meditação, nutrição e relaxamento. O novo modelo de negócio foi lançado cerca de 30 dias após o início da pandemia no Brasil e integrou dezenas de novos parceiros para essa nova jornada.

A Escola Conquer é outro exemplo. Fundada em 2016 com o propósito de desenvolver habilidades profissionais de forma diferenciada das universidades, até a pandemia já havia formado mais de 15 mil alunos e aberto filiais em seis estados brasileiros. Com a pandemia, o fechamento das escolas presenciais e o sentimento de fazer algo pelos empreendedores brasileiros levaram os fundadores a disponibilizar, em formato *on-line* gratuitamente, seu curso mais vendido: o de inteligência emocional. Resultado? Meio milhão de novos alunos em 81 países e um novo modelo de negócio.

Mais do que isso, em maio de 2020, o Instituto Croma Insights e a empresa de pesquisa *on-line* Toluna lançaram o *ranking* das 100 marcas mais lembradas pelos brasileiros durante a pandemia da Covid-19. Ao lado de Ambev, Magazine Luiza, Nubank, Amazon e ifood estava a Escola Conquer, única *edtech* do *ranking* (ABC da Comunicação, 2020).

Histórias como essas consolidam os fundamentos de entender o mercado e o cliente e, com base neles, pivotar é preciso. Incertezas e medos são sentimentos sempre presentes na vida do empreendedor, quando há necessidade de mudança, esses sentimentos são ainda maiores. Segundo Eric Ries (2011), a atividade fundamental de uma startup é transformar ideias em produtos, avaliar a reação do cliente e, a partir daí, concluir se deve pivotar ou perseverar.

Neste momento, muitas descobriram que precisariam pivotar. Ao longo deste livro, abordamos o conceito e o processo, mas, aqui, vale mencionar algumas formas de pivotar que podem ajudar em tempos de crise, conforme aponta Ries (2011):

capítulo 7

> ■ *channel pivot*: mudar o canal, a forma de entrega do produto;
> ■ segmento de cliente: adequar a solução ao segmento de cliente específico;
> ■ necessidade do cliente: adaptar a solução às novas necessidades/dores do cliente;
> ■ modelo de negócio: inverter o consumidor final (B2C para B2B, ou B2B para B2C);
> ■ modelo de monetização: alterar a forma de monetização da solução;
> ■ tecnologia: compreender o impacto e o momento de uso do cliente em sua solução.

Sobre tecnologia e comportamento, vale a pena perceber o que o consumidor mais demandou no período de pandemia. Segundo um estudo publicado pela consultoria Sensor Tower em abril de 2020, os aplicativos mais baixados no mundo tinham características de relacionamento. TikTok, WhatsApp e Zoom lideravam a lista.

Quadro 7.2 – Aplicativos mais baixados em março de 2020 no mundo

OVERALL DOWNLOADS	APP STORE DOWNLOADS	GOOGLE PLAY DOWNLOADS
1 TikTok	1 ZOOM	1 TikTok
2 WhatsApp	2 TikTOk	2 WhatsApp
3 ZOOM	3 DingTalk	3 Facebook
4 Facebook	4 Facebook	4 ZOOM
5 Messenger	5 YouTube	5 Messenger
6 Instagram	6 Netflix	6 Instagram
7 SHAREit	7 Instagram	7 SHAREit
8 Netflix	8 VooV Meeting	8 Snapchat
9 Snapchat	9 Microsoft Teams	9 Likee
10 Google Classroom	10 Houseparty	10 Netflix

Fonte: Sensor Tower, 2021.

Isoladamente, o TikTok teve 115 milhões de *downloads* no mês, quase o dobro do mesmo período de 2019. Além do Zoom, outros aplicativos de reuniões *on-line* tiveram crescimento, como o Microsoft Teams Meeting e o Google Hangouts. Também aparecem bem--ranqueados *apps* das categorias de *fitness, e-commerce*, finanças, *streaming* e *delivery*.

A pesquisa aponta um aumento de compras nas lojas de aplicativos como Apple Store e Google Play durante a pandemia do novo coronavírus. Esse crescimento foi liderado por Brasil e Índia e indica o aumento de tempo de permanência em aplicativos em geral.

Nos Estados Unidos e no Reino Unido, 80% das pessoas passaram a consumir mais conteúdo nesse período, principalmente YouTube, TikTok e canais de TV, dados considerados em um estudo da Global Web Index, via Visual Capitalist, que aponta diferentes mudanças de acordo com a geração:

- entre os jovens, ouvir música é mais importante do que buscar notícias;
- na geração Z (ou GenZ – nascidos entre 1995 e 2010), o principal aumento foi no consumo de vídeos *on-line*;
- os *millenials (ou geração Y* – nascidos entre 1980 e 1995) têm o perfil mais distribuído entre vídeos *on-line*, tv *on-line* e tv tradicional;
- a geração X (nascidos entre 1960 e 1980) é a que mais consome tv tradicional, mas passou a assistir mais canais de tv pela internet também;
- os *boomers (*nascidos entre 1940 e 1960) foram os que menos mudaram seu perfil de consumo de mídia, continuam a priorizar a tv tradicional.

De qualquer forma, os números mostram que somos seres relacionais. O distanciamento social evidenciou a necessidade de nos relacionarmos e, talvez, essa seja a oportunidade para novos negócios: por exemplo, promover um relacionamento seguro e confiável no próximo normal.

capítulo 7

Um período em que o propósito será fator decisivo para o consumo, a sustentabilidade será determinante, a empatia e a colaboração serão ainda mais valorizadas. A crise é o momento de provar a cultura da startup.

Os exemplos de muitas startups durante a crise provocada pela pandemia do coronavírus estão centrados na solução. Enquanto uns estavam voltados para o problema, muitas startups perceberam que teriam de mudar o *mindset* de toda a empresa, de todos os departamentos, para tirar algo de positivo da crise.

Enxugaram seus times, aumentaram a eficiência, foram mais velozes e deixaram seus negócios preparados para a retomada do crescimento, que há de ocorrer.

Certamente, enfrentaremos enormes dificuldades – a economia levará alguns anos para se recuperar, muitos setores nunca mais voltarão a ser o que eram. A desconfiança e o medo serão nossos companheiros em viagens, festas, reuniões por algum tempo. Mas temos, como nunca tivemos, a oportunidade única de recomeçar com comportamentos diferentes e ações mais positivas. É uma escolha individual e coletiva.

A maneira como nos posicionamos diante da crise determina como sairemos dela. As melhores ideias surgem em ambientes de escassez. Há uma pressão de todos os *stakeholders* por produtos mais sustentáveis e mais acessíveis. Os recursos do planeta são finitos e a expectativa do Banco Mundial é que a crise do coronavírus levou mais de 120 milhões de pessoas para a pobreza extrema no mundo. Houve contração econômica mundial de 4,3% em 2020. Gastar menos recursos, fazer mais com menos dinheiro e menos tempo são desafios que podem gerar a oportunidade, com criatividade.

Todavia, Peter Diamandis, um dos fundadores da Singularity University – a universidade de lideranças do Vale do Silício –, é um defensor da mentalidade da abundância exponencial. A Singularity tem como um de seus fundamentos fazer pensar sobre o impacto da tecnologia na vida das pessoas, seja ao entregar mais qualidade de vida, seja ao disponibilizar dimensões ainda não exploradas.

O fato é que a quarta revolução industrial – a era da inteligência – se soma a um momento de aceleração da transformação comportamental. O mundo *vuca*, com o conceito de volátil, incerto, complexo e ambíguo, se transforma no mundo *vuca* ressaltando a visão, o entendimento, a clareza e a agilidade.

Considerações finais

Iniciamos este livro demonstrando que a habilidade empreendedora de resolver problemas é determinante para a criação de produtos e serviços inovadores. É preciso mais do que uma grande ideia para criar uma startup de sucesso. Isso não significa que grandes ideias não sejam valiosas, significa que, sem uma execução eficiente, as ideias não se transformam em soluções vencedoras.

Destacar-se no mercado de tecnologia, onde gigantes do setor produzem inovações todos os dias não é tarefa fácil, ainda mais em um momento de transformação digital acelerada.

Ao longo desta obra, percorremos uma jornada empreendedora; marcada pelo empreendedorismo de alto impacto, abrangendo desde o planejamento, do conhecimento do segmento da tecnologia e da visão técnica de gestão até a execução e conquista do mercado.

No Capítulo 1, fizemos uma revisão histórica sobre a evolução do segmento de tecnologia no mundo, o surgimento das primeiras empresas chamadas de startups, sobre a importância do apoio em rede de um ecossistema e o uso de metodologias adequadas às necessidades de crescimento ágil e tomada de decisões.

No Capítulo 2, explicamos o que é o produto mínimo viável (MVP), tratando da importância de validar a solução com os consumidores e aprender com eles. Discorremos sobre a gestão *data driven* (orientada em dados), destacando a relevância de gerar, tratar e consumir métricas para apoiar a tomada de decisão do negócio, seja durante o descobrimento do mercado, seja para alavancar o crescimento. Ainda no segundo capítulo, explicamos como esses dados podem levar a startup a entender o lugar ideal para ela no mercado.

No Capítulo 3, enfatizamos a legislação no âmbito da inovação e esclarecemos por que é essencial para o empreendedor saber do regramento nacional e internacional.

Lembramos o escândalo envolvendo o uso indevido de dados pela empresa Cambridge Analytica – ligada ao Facebook – e como o caso fez a empresa diminuir 35 bilhões de dólares na bolsa de valores de tecnologia dos Estados Unidos. Esse fato mostrou a importância de uma lei de proteção de dados, das ações de segurança cibernética, entre outras medidas.

No Capítulo 4, discorremos sobre oportunidades para a busca de investimentos. O Brasil não conta com uma base sólida de educação financeira, o que causa muitos problemas ao longo da carreira de muitos profissionais. Entender o mercado de investimentos, a visão do investidor e as informações relevantes para conquistar investimento é um passo basilar na trilha de crescimento da startup. Além do mais, para o empreendedor, este é um momento de muita preparação. Ainda, apontamos algumas normas e regras para apoiar o empreendedor nesse momento desde a construção de um *pitch* perfeito até a consolidação dos dados mais relevantes.

No Capítulo 5, descrevemos as fases de crescimento como o estágio *growth*, a estratégia de ir ao mercado (*go to market*). A importância do *customer success* e a do *design leadership* em startups.

Nos encaminhando para o final, no Capítulo 6, apresentamos a visão de profissionais de mercado falando de sua trajetória e de seus desafios. Para inspirar a jornada do leitor, contamos com uma entrevista de Alphonse Voigt (CEO do Ebanx – *fintech* unicórnio brasileiro). Também expusemos a visão do investidor com Leonardo Jianoti, investidor em *venture capital*, da Curitiba Angels e da Platta Investimentos, e de Guilherme Calheiros, da Associação Nacional de Entidades Promotoras de Empreendimentos Inovadores (Anprotec).

Para finalizar, no Capítulo 7 indicamos o cenário durante e pós-pandemia (até o segundo semestre de 2021). Detalhamos como a economia foi impactada pela covid-19, como as empresas de tecnologias protagonizaram a criação de inúmeras soluções no mundo e como os comportamentos do consumidor mudaram, impactando o mercado das startups.

A velocidade do desenvolvimento e a adoção de novas tecnologias tornaram o mercado de startups ágil e o colocam em constante mudança. Esta obra não engloba todos os fatores que farão com que uma startup alcance o sucesso, mas abre caminhos e oferece diretrizes. O principal objetivo foi levar o empreendedor à ação, estimulando *insights* e fornecendo algumas dicas relevantes para que a jornada na gestão do seu negócio seja mais organizada.

Aos empreendedores e sonhadores comprometidos em criar soluções que melhorem a vida das pessoas, meu sincero e entusiasmado desejo de muito sucesso. Até breve.

Lista de siglas

3Fs	*Family, Friends and Fools* (família, amigos e tolos)
5W2H	*What* (o quê), *Why* (por quê), *Where* (onde), *When* (quando), *Who* (por quem), *How* (como), *How much* (quanto)
Abstartups	Associação Brasileira de Startups
AC	Ativo Circulante
Aneel	Agência Nacional de Energia Elétrica
ANP	Agência Nacional de Petróleo, Gás Natural e Biocombustíveis
ANPD	Autoridade Nacional de Proteção de Dados Pessoais
ARE	Apuração do Resultado do Exercício
B2B	*business-to-business* (comércio entre empresas)
B2C	*business-to-customer* (comércio entre a empresa e o consumidor final)
BDM	*business development manager* (gerente de desenvolvimento de negócios)
BDR	*business development representative* (representante de desenvolvimento de negócios)
CAC	Custo para aquisição de clientes
CCPA	California Consumer Privacy Act of 2018
CEO	*chief executive officer* (diretor executivo)
CERN	Conseil Européen pour la Recherche Nucléaire (Conselho Europeu para a Investigação Nuclear)
CITDigital	Comitê Interministerial para a Transformação Digital
CLV	*customer lifetime value* (valor de tempo de vida)
CMV	custos de mercadorias vendidas
CPC	custo por clique
CPL	custo por *lead*
CPV	custo de produtos vendidos

CS	*customer success* (sucesso do cliente)
CSV	custo dos serviços vendidos
CTR	*click-through rate* (taxa de cliques)
CV	*capital venture* (capital de risco)
CVM	Comissão de Valores Mobiliários
DMI	Design Management Institute
DRE	Demonstração do Resultado do Exercício
EAC	empresa de alto crescimento
Ebitda	*Earnings before interest, taxes, depreciation, and amortization* (Lucros antes de juros, impostos, depreciação e amortização).
EPC	Electronic Product Code (código de produto eletrônico)
Esop	*employee stock ownership plan* (plano de propriedade de ações de funcionários)
FIEE	Fundos de Investimento em Empresas Emergentes
FIP	Fundos de Investimento em Participação
FIP Capital Semente	Fundos de Investimento em Participação Capital Semente
FIP-EE	Fundos de Investimento em Participação – Empresas Emergentes
FMIEE	Fundos Mútuos de Investimento em Empresas Emergentes
GDPR	General Data Protection Regulation (Regulamento Geral de Proteção de Dados na União Europeia)
GSER	Global Startup Ecosystem Report
IBGC	Instituto Brasileiro Governança Corporativa
ICE	Índice de Cidades Empreendedoras
ICT	Instituto de Ciência e Tecnologia
Inpi	Instituto Nacional de Marcas e Patentes
INSS	Instituto Nacional do Seguro Social
IoT	*Internet of Things* (internet das coisas)
IPI	Imposto sobre Produto Industrializado

KPI	*key performance indicator* (indicador-chave de desempenho)
LTV	*lifetime value* (valor de tempo de vida)
MIT	Massachusetts Institute of Technology
MOU	*Memorandum of understanding* (Memorando de entendimento)
MRR	*monthly recurring revenue* (receita mensal recorrente)
MTD	mercado total disponível
MTP	mercado total possível
MVP	*minimum viable product* (produto minimamente viável)
NDA	*non-disclosure agreement* (acordo de confidencialidade)
NIT	Núcleo de Inovação Tecnológica
NPS	*net promoter score*
OECD	Organisation for Economic Co-operation and Development (Organização para a Cooperação e Desenvolvimento Econômico)
OMS	Organização Mundial da Saúde
P&D	Programa de Pesquisa e Desenvolvimento
PC	Passivo Circulante
PD&I	pesquisa, desenvolvimento e inovação
PDA	*personal digital assistant* (assistente pessoal digital)
PMV	produto minimamente viável
Redesim	Rede Nacional para a Simplificação do Registro e da Legalização de Empresas e Negócios
ROI	retorno sobre o investimento
S&P 500	*Standard & Poor's* 500
S.A.	sociedade anônima
SAM	*serviceable addressable market* (mercado endereçável)
SAS	sociedade anônima simplificada
Sebrae	Serviço Brasileiro de Apoio às Micro e Pequenas Empresas
SEO	*search engine optimization* (otimização para motores de busca)

Serpro	Serviço Federal de Processamento de Dados
Smart	*specific* (específico), *measurable* (mensurável), *attainable* (atingível), *relevant* (relevante) e *time-bound* (ter prazo definido)
SOM	*serviceable obtainable market* (mercado acessível)
Star	*situation* (situação), *task* (tarefa), *action* (ação) e *results* (resultados)
Swot	*strengths* (forças), *weaknesses* (fraquezas), *opportunities* (oportunidades) e *threats* (ameaças)
TAM	*total addressable market* (mercado endereçável total)
TIC	tecnologia da informação e comunicação
VC	*venture capital*
XR	*extended reality* (realidade estendida)

Glossário

Aporte: contribuição financeira, o valor investido com determinada finalidade.

Bay area: nos EUA, o termo *bay area* é mais usado que Silicon Valley.

Breakeven: é o ponto de equilíbrio da empresa; aquele momento em que ainda não há lucro, mas as despesas e as receitas se nivelam.

Canvas: template para desenvolver um modelo de negócios.

Case: caso, um projeto ou programa analisado como exemplo.

CEO: o principal dirigente da empresa, presidente.

C-level: inclui o CEO e os outros cargos do alto escalão executivo.

Data driven orientado a dados: significa gerar dados estratégicos e basear a tomada de decisões neles, com o objetivo de produzir os melhores resultados possíveis.

Deal flow: ou fluxo de negócios, é o termo usado por profissionais de finanças, principalmente investidores, para se referir à taxa pela qual eles recebem propostas de negócios; essa palavra é usada para designar o final do processo de investimento.

Demo day: bateria de curtas apresentações, ou *pitches*, de startups.

Device: aparelho eletrônico ou tecnológico, como um smartphone.

Disrupção: fenômeno por meio do qual empresas se estabelecem no mercado oferecendo novas alternativas de produtos ou serviços.

Dor: problema a ser resolvido.

Equity: termo em inglês que significa "capital próprio". No mundo empresarial, corresponde ao patrimônio líquido da empresa.

Fundação de apoio: fundação ligada ao Ministério da Educação e ao Ministério da Ciência, Tecnologia e Inovações com o objetivo de estimular projetos e pesquisas de interesse das ICTs.

ICT: um instituto de ciência e tecnologia que inclua, em sua missão institucional ou objetivo social, a pesquisa de caráter científico ou tecnológico ou o desenvolvimento de novos produtos ou processos.

Incubadora de empresas: organização ou estrutura que objetiva estimular ou prestar apoio logístico, gerencial e tecnológico ao empreendedorismo inovador e intensivo em conhecimento, com o objetivo de facilitar a criação e o desenvolvimento de empresas que tenham como diferencial a realização de atividades voltadas à inovação.

Internet das coisas: tipo de rede capaz de guardar dados de produtos e equipamentos e torná-los inidentificáveis e localizáveis em qualquer lugar onde estejam. Além da identificação, é capaz de conectar esses objetos para que troquem informações.

Mindset: maneira de pensar, ou modelo mental.

Computação em Nuvem: também utilizado em inglês, *Cloud Computing,* ou apenas Nuvem ou *Cloud*. É o ambiente na internet com capacidade computacional, armazenamento e banco de dados compartilhado entre muitos usuários. As grandes empresas provedoras de nuvem são Amazon, Google Cloud, Oracle, IBM, entre outras.

NIT: estrutura instituída por uma ou mais ICTs.

Parque tecnológico: ambiente empresarial para promover o setor privado, universidades e ICTs em sua cultura de inovação e disseminação de conhecimento.

Saas: é a oferta do *software* como serviço. Deriva do entendimento de que não é necessária a instalação de um *software* para que se tenha uma solução. O *software* na nuvem pode ser acessado e o cliente utiliza suas funcionalidades.

Scale-Up: startup que apresenta crescimento de, no mínimo, 20% ao ano por três anos consecutivos.

Smart money: situação em que o investimento é acompanhado de mentoria na startup, com tempo e capital intelectual para ver o negócio da startup crescer e apoiar o empreendedor na tomada de decisões.

Sócios-fundadores: empreendedores que formam uma startup.

Spam: mensagem eletrônica enviada em massa, sem o consentimento do destinatário.

Spinoff: uma tecnologia ou um negócio resultante do desdobramento de outros.

Stakeholder: pessoa ou grupo que tem interesse em determinado negócio ou dele participa.

Stalker: perseguidor digital, alguém que bisbilhota outra pessoa nas redes sociais.

Startups unicórnios: startups que tiveram uma valorização de mais de 1 bilhão de dólares.

Valuation: termo em inglês que significa "avaliação de empresas, valoração de empresas e arbitragem de valor".

Referências

ABC DA COMUNICAÇÃO. Conheça as 100 marcas mais lembradas na opinião dos brasileiros durante a pandemia. 8 maio. 2020. Disponível em: <https://www.abcdacomunicacao.com.br/conheca-as-100-marca s-mais-lembradas-na-opiniao-dos-brasileiros-durante-a-pandemia/>. Acesso em: 5 dez. 2021.

ABSTARTUPS – Associação Brasileira de Startups. **Estatuto Social da Associação Brasileira de Startups**. Rio de Janeiro, 29 nov. 2019a. Disponível em: <https://www.abstartupssaude.com.br/estatuto-abss>. Acesso em: 1º dez. 2021.

ABSTARTUPS – Associação Brasileira de Startups. **Melhores práticas para comunidades de startup**. 2019b. Disponível em: <https://abstartups.com.br/wp-content/uploads/2020/12/Playbook_Comunidades_Final.pdf/>. Acesso em: 3 dez. 2021.

ABSTARTUPS – Associação Brasileira de Startups. **Seção StartupBase**. Disponível em: <https://startupbase.com.br/home/>. Acesso em: 6 dez. 2021a.

ABSTARTUPS – Associação Brasileira de Startups. **Template de pitch deck**. Disponível em: <https://docplayer.com.br/199964629-Template-de-pitch-deck.html>. Acesso em: 15 dez. 2021b.

ACE STARTUPS. **Growthaholics for Startups**. Disponível em: <https://app.acestartups.com.br/go>. Acesso em: 6 dez. 2021.

AGÊNCIA SEBRAE DE NOTÍCIAS. **Brasil deve atingir marca histórica de empreendedorismo em 2020**. Disponível em: <https://www.agenciasebrae.com.br/sites/asn/uf/NA/brasil-deve-atingir-marca-historica-de-empreendedorismo-em-2020,d9c76d10f3e92710VgnVCM1000004c00210aRCRD>. Acesso em: 1º dez. 2021.

APP ANNIE. **State of Mobile 2020**. Disponível em: <https://gertkoot.files.wordpress.com/2020/01/2001_state_of_mobile_2020_main_en-1.pdf>. Acesso em: 3 dez. 2021.

A REDE SOCIAL. David Fincher. EUA: Columbia Pictures, 2010. 121 min.

AUGIER, M; TEECE, D. J. **The Palgrave Encyclopedia of Strategic Management**. UK: Palgrave Macmillan, 2018.

BANCO MUNDIAL. Classificação das economis. **Doing Business 2020**. Disponível em: <https://portugues.doingbusiness.org/pt/rankings>. Acesso em: 4 dez. 2021.

BAUMAN, Z. **Modernidade líquida**. Tradução: Plínio Dentzien. Rio de Janeiro: Jorge Zahar, 2001.

BBC. Entenda o escândalo de uso político de dados que derrubou valor do Facebook e o colocou na mira de autoridades. **G1**, 20 mar. 2018. Economia. Tecnologia. Disponível em: <https://g1.globo.com/economia/tecnologia/noticia/entenda-o-escandalo-de-uso-politico-de-dados-que-derrubou-valor-do-facebook-e-o-colocou-na-mira-de-autoridades.ghtml>. Acesso em: 3 dez. 2021.

BECK, K. et al. **Manifesto para desenvolvimento ágil de software**. 2001. Disponível em: <http://agilemanifesto.org/iso/ptbr/manifesto.html>. Acesso em: 1º dez. 2021.

BEZOS, J. Carta aberta para os steakholders da Amazon. 21 mar. 2020. Disponível em: <https://www.instagram.com/p/B-A5UI_nNrD/>. Acesso em: 5 dez. 2021.

BLANK, S. **The Four Steps to the Epiphany**. Successful Strategies for Products that Win. New York: John Willey & Sons, Third Edition 2006.

BLANK, S. "Why the Lean Start-Up Changes Everything". **Harvard Business Review**, May 2013. Disponível em:<https://hbr.org/2013/05/why-the-lean-start-up-changes-everything>. Acesso em: 5 dez. 2021.

BLANK, S.; DORF, B. **Startup**: manual do empreendedor – o guia passo a passo para construir uma grande empresa. Rio de Janeiro: Alta Books, 2014.

BLOOMBERG. **Bloomberg Billionaires Index**. 18 set. 2021. Disponível em: <https://www.bloomberg.com/billionaires/>. Acesso em: 5 dez. 2021.

BRASIL. Lei n. 6.404, de 15 de dezembro de 1976. **Diário Oficial da União**, Poder Executivo, Brasília, DF, 17 dez. 1976 Disponível em: <http://www.planalto.gov.br/ccivil_03/leis/l6404consol.htm>. Acesso em: 5 dez. 2021.

BRASIL. Lei n. 8.248, de 23 de outubro de 1991. **Diário Oficial da União**, Poder Executivo, Brasília, DF, 24 out. 1991. Disponível em: <http://www.planalto.gov.br/ccivil_03/leis/l8248.htm>. Acesso em: 4 dez. 2021.

BRASIL. Lei n. 9.478, de 6 de agosto de 1997. **Diário Oficial da União**, Poder Legislativo, Brasília, DF, 7 ago. 1997. Disponível em: <https://www.planalto.gov.br/ccivil_03/Leis/L9478.htm>. Acesso em: 4 dez. 2021.

BRASIL. Lei n. 10.406, de 10 de janeiro de 2002. **Diário Oficial da União**, Poder Legislativo, Brasília, DF, 11 jan. 2002. Disponível em: <http://www.planalto.gov.br/ccivil_03/leis/2002/L10406compilada.htm>. Acesso em: 5 dez. 2021.

BRASIL. Lei n. 11.638, de 28 de dezembro de 2007. **Diário Oficial da União**, Poder Legislativo, Brasília, DF, 28 dez. 2007. Disponível em: <https://www.planalto.gov.br/ccivil_03/_ato2007-2010/2007/lei/l11638.htm>. Acesso em: 2 dez. 2021.

BRASIL. Lei n. 12.965, de 23 de abril de 2014. **Diário Oficial da União**, Poder Legislativo, Brasília, DF, 24 abr. 2014. Disponível em: <http://www.planalto.gov.br/ccivil_03/_ato2011-2014/2014/lei/l12965.htm>. Acesso em: 3 dez. 2021.

BRASIL. Lei n. 13.243, de 11 de janeiro de 2016. **Diário Oficial da União**, Poder Legislativo, Brasília, DF, 12 jan. 2016. Disponível em: <http://www.planalto.gov.br/ccivil_03/_ato2015-2018/2016/lei/l13243.htm>. Acesso em: 4 dez. 2021.

BRASIL. Lei n. 13.709, de 14 de agosto de 2018. **Diário Oficial da União**, Poder Executivo, Brasília, DF, 15 ago. 2018a. Disponível em: <http://www.planalto.gov.br/ccivil_03/_ato2015-2018/2018/lei/l13709.htm>. Acesso em: 3 dez. 2021.

BRASIL. Lei n. 13.726, de 8 de outubro de 2018. **Diário Oficial da União**, Poder Legislativo, Brasília, DF, 9 out. 2018b. Disponível em: <http://www.planalto.gov.br/ccivil_03/_ato2015-2018/2018/lei/L13726.htm>. Acesso em: 4 dez. 2021.

BRASIL. Lei n. 13.874, de 20 de setembro de 2019. **Diário Oficial da União**, Poder Executivo, Brasília, DF, 20 set. 2019a. Disponível em: <http://www.planalto.gov.br/ccivil_03/_ato2019-2022/2019/lei/L13874.htm>. Acesso em: 4 dez. 2021.

BRASIL. Lei n. 13.969, de 26 de dezembro de 2019. **Diário Oficial da União**, Poder Legislativo, Brasília, DF, 27 dez. 2019b. Disponível em: <http://www.planalto.gov.br/ccivil_03/_ato2019-2022/2019/lei/L13969.htm>. Acesso em: 4 dez. 2021.

BRASIL. Lei Complementar n. 123, de 14 de dezembro de 2006. **Diário Oficial da União**, Poder Legislativo, Brasília, DF, 15 dez. 2006. Disponível em: <http://www.planalto.gov.br/ccivil_03/leis/lcp/lcp123.htm>. Acesso em: 4 dez. 2021.

BRASIL. Lei Complementar n. 167, de 24 de abril de 2019. **Diário Oficial da União**, Poder Legislativo, Brasília, DF, 25 abr. 2019c. Disponível em: <https://www.in.gov.br/web/dou/-/lei-complementar-n%C2%BA-167-de-24-de-abril-de-2019-85051233>. Acesso em: 4 dez. 2021.

BRASIL. Lei Complementar n. 182, de 1 de junho de 2021. **Diário Oficial da União**, Poder Legislativo, Brasília, DF, 2 jun. 2021. Disponível em: <http://www.planalto.gov.br/ccivil_03/leis/lcp/Lcp182.htm>. Acesso em: 1º dez. 2021.

BRASIL. Portaria n. 5.894, de 13 de novembro de 2018. **Diário Oficial da União**, Brasília, DF, 14 nov. 2018c. Disponível em: <https://www.in.gov.br/materia/-/asset_publisher/KujrwoTZC2Mb/content/id/50242020/do1-2018-11-14-portaria-n-5-894-de-13-de-novembro-de-2018-50241885>. Acesso em: 4 dez. 2021.

BROWN, T. **Design Thinking**: uma metodologia poderosa para decretar o fim das velhas ideias. Rio de Janeiro: Elsevier, 2010.

BUCHANAN, R. Wicked Problems in Design Thinking. **Design Issues**, v. 8, n. 2, p. 5-21, Spring 1992. Disponível em: <http://web.mit.edu/jrankin/www/engin_as_lib_art/Design_thinking.pdf>. Acesso em: 1º dez. 2021.

BUENO, S. **Dicionário global escolar**. Rio de Janeiro: Global, 2007.

CALHEIROS, G. C. **Entrevista concedida a Cris Alessi**. [S.l.], 15 jun. 2020.

CALIFORNIA. Legislative Counsel's Digest. **California Consumer Privacy Act of 2018**. Assembly Bill n. 375, Chapter 55. Date Published: 06/29/2018. Disponível em: <https://leginfo.legislature.ca.gov/faces/billTextClient.xhtml?bill_id=201720180AB375>. Acesso em: 3 dez. 2021.

CASTELO BRANCO, H. J.; SCHNEIDER, E. I. **A caminhada empreendedora**. Curitiba: InterSaberes, 2012.

CAMPBELL, J. **The Hero with a Thousand Faces**. New York: Pantheon Books, 1949.

CARRILO, A. F. Crescimento das startups: veja o que mudou nos últimos cinco anos! **ABStartups**, fev. 2020. Disponível em: <https://abstartups.com.br/crescimento-das-startups/>. Acesso em: 1º dez. 2021.

CARRILO, A. F. Evolução do ecossistema brasileiro de startups: 2017 × 2020. **ABStartups**, 26 jan. 2021. Disponível em: <https://abstartups.com.br/evolucao-do-ecossistema/>. Acesso em: 4 dez. 2021.

CARRILO, A. F. Fases de uma startup: saiba tudo sobre cada etapa. **ABStartups**, jul. 2019. Disponível em: <https://abstartups.com.br/fases-de-uma-startup-saiba-tudo-sobre-cada-etapa/>. Acesso em: 4 dez. 2021.

CREATOR LAB. **Rahul Vohra, Superhuman // Building Silicon Valley's Buzziest Startup + Finding Product Market Fit**. 20 set. 2019. Entrevista. Disponível em: <https://www.youtube.com/watch?v=toHJTD_eyR8>. Acesso em: 1º set. 2021.

CHRISTENSEN, C. M. **O dilema da inovação**: quando as novas tecnologias levam empresas ao fracasso. São Paulo: M. Books, 2012.

CVM – Comissão de Valores Mobiliários. Instrução CVM n. 209, de 25 de março de 1994. **Diário Oficial da União**, Brasília, DF, 28 mar. 1994. Disponível em: <http://conteudo.cvm.gov.br/legislacao/instrucoes/inst209.html>. Acesso em: 4 dez. 2021.

CVM – Comissão de Valores Mobiliários. Instrução CVM n. 391, 16 de julho de 2003. **Diário Oficial da União**, Brasília, DF, 18 jul. 2003. Disponível em: <http://conteudo.cvm.gov.br/legislacao/instrucoes/inst391.html>. Acesso em: 4 dez. 2021.

CVM – Comissão de Valores Mobiliários. Instrução CVM n. 558, de 26 de março de 2015. **Diário Oficial da União**, Brasília, DF, 27 mar. 2015. Disponível em: <http://conteudo.cvm.gov.br/legislacao/instrucoes/inst558.html>. Acesso em: 4 dez. 2021.

CVM – Comissão de Valores Mobiliários. Instrução CVM n. 578, de 30 de agosto de 2016. **Diário Oficial da União**, Brasília, DF, 31 ago. 2016. Disponível em: <http://conteudo.cvm.gov.br/legislacao/instrucoes/inst578.html>. Acesso em: 4 dez. 2021.

DARWIN STARTUPS. **O que é cap table e qual sua importância para os investidores?** 15 maio. 2019. Disponível em: <https://darwinstartups.com/blog/o-que-e-cap-table/>. Acesso em: 4 dez. 2021.

DELOITTE. **The Deloitte Global Millennial Survey 2019**: Societal discord and technological transformation create a "generation disrupted". 2019. Disponível em: <https://www2.deloitte.com/content/dam/Deloitte/global/Documents/About-Deloitte/deloitte-2019-millennial-survey.pdf>. Acesso em: 1º dez. 2021.

DESIGN COUNCIL. **The Value of Design Factfinder report**. 2007 Disponível em: <https://www.designcouncil.org.uk/sites/default/files/asset/document/TheValueOfDesignFactfinder_Design_Council.pdf>. Acesso em: 6 dez. 2021.

DISTRITO CORPORATE. **Data&Content**. 2021. Disponível em: <https://distrito.me/en/data-and-content/>. Acesso em: 1º dez. 2021.

DMI. Design Management Institute. **The DMI Design Value Scorecard**: A New Design Measurement and Management Model. 2013. Disponível em: <https://cdn.ymaws.com/www.dmi.org/resource/resmgr/pdf_files/13244SAT10.pdf>. Acesso em: 6 dez. 2021.

EBIT|NIELSEN. **Webshopper 2019**. 40. ed. Disponível em: <https://pdfcoffee.com/webshoppers40pdf-pdf-free.html>. Acesso em: 6 dez. 2021.

ELLIS, S.; BROWN, M. **Hacking Growth**: a estratégia de marketing inovadora das empresas de crescimento mais rápido. Tradução de Ada Felix. Rio de Janeiro, RJ: Alta Book, 2018.

ENDEAVOR. **Pesquisas**. Disponível em: <https://endeavor.org.br/pesquisas/>. Acesso em: 5 dez. 2021.

ENDEAVOR. **Plano de ação 5W2H**. 15 fev. 2017. Disponível em: <https://twitter.com/endeavorbrasil/status/831865884092293121>. Acesso em: 15 dez. 2021.

FIRST ROUND. **State of Startups**. 2019. Disponível em: <https://stateofstartups2019.firstround.com/>. Acesso em: 3 dez. 2021.

FÓRUM INOVA CIDADE. **Inovação em cidades**: desafios institucionais e experiências bem-sucedidas. mar. 2020. Disponível em: <https://foruminovacidades.org/publicacao/inovacao-em-cidades-desafios-institucionais-e-experiencias-bem-sucedidas.pdf>. Acesso em: 3 dez. 2021

GARTNER. **The Evolution of IoT and Its Impact on Adopters and Technology Providers**: a Gartner Trend Insight Report. 18 set. 2018. Disponível em: <https://www.gartner.com/en/doc/3889895-the-evolution-of-iot-and-its-impact-on-adopters-and-technology-providers-a-gartner-trend-insight-report>. Acesso em: 1º dez. 2021.

GEM – Global Entrepreneurship Monitor. **Empreendedorismo no Brasil**: 2019. Coordenação de Simara Maria de Souza Silveira Greco. Curitiba: IBQP, 2020. Disponível em: <https://ibqp.org.br/wp-content/uploads/2021/02/Empreendedorismo-no-Brasil-GEM-2019.pdf>. Acesso em: 1º dez. 2021.

GITHUB. **COVID-19 Data Repository by the Center for Systems Science and Engineering (CSSE) at Johns Hopkins University**. Disponível em: <GitHub - CSSEGISandData/COVID-19: Novel Coronavirus (COVID-19) Cases, provided by JHU CSSE>. Acesso em: 5 dez. 2021.

GLOBAL WEB INDEX. Coronavirus Research Report. **Visual Capitalist**. April 2020. Disponível em: <https://www.visualcapitalist.com/media-consumption-covid-19/>. Acesso em: 5 dez. 2021.

GODZIKOWSKI, A. **Governança e nova economia**. São Paulo: Lura Editorial, 2018.

HOW WOLVES Change Rivers. **Sustainable Human**. 15 nov. 2017. Disponível em: <https://www.youtube.com/watch?v=0SBL7Gk_9QU>. Acesso em: 31 ago. 2021.

IANSITI, M.; LEVIEN, R. **The Keystone Advantage**: what the New Dynamics of Business Ecosystems Mean for Strategy, Innovation, and Sustainability. Boston: Harvard Business School, 2004.

IBGC – Instituto Brasileiro de Governança Corporativa. **Código das melhores práticas de governança corporativa**. 5. ed. 2015. Disponível em: <https://conhecimento.ibgc.org.br/Paginas/Publicacao.aspx?PubId=21138>. Acesso em: 4 dez. 2021.

IBGE – Instituto Brasileiro de Geografia e Estatística. **Demografia das empresas e estatísticas de empreendedorismo:** 2018. Rio de Janeiro: IBGE, 2020. (Estudos e pesquisas. Informação econômica, n. 34). Disponível em: <https://biblioteca.ibge.gov.br/visualizacao/livros/liv101759.pdf>. Acesso em: 1º dez. 2021.

IBQP – Instituto Brasileiro de Qualidade e Produtividade. **Global Entrepreneurship Monitor**. Disponível em: <http://www.ibqp.org.br/gem/download/>. Acesso em: 5 dez. 2021.

IDEO Design Thinking. **Design thinking defined**. Disponível em: <https://designthinking.ideo.com/>. Acesso em: 1º dez. 2021.

INSTITUTO DE DESIGN HASSO PLATTNER. **Bootcamp bootleg**. Disponível em: <https://static1.squarespace.com/static/57c6b79629687fde09oaofdd/t/58890239db29d6cc6c33 38f7/1485374014340/METHODCARDS-v3-slim.pdf>. Acesso em: 4 dez. 2021.

JIANOTI, L. **Entrevista concedida a Cris Alessi**. [S.l.], 14 jun. 2020.

JUNIOR, R. Inova Simples: o novo regime tributário para startups. **Jornal Contábil**, 27 abr. 2019. Disponível em: <https://www.jornalcontabil.com.br/inova-simples-o-novo-regime-tributario-para-startups/>. Acesso em: 3 dez. 2021.

JUNG, C. G. **6 tipos psicológicos.** 7. Ed. Rio de Janeiro: Vozes, 2013.

KEPLER, J.; OLIVEIRA, T. **Os segredos da gestão ágil por trás das empresas valiosas**. São Paulo: Gente, 2019.

KNAPP, J.; ZERATSKY, J.; KOWITZ, B. **Sprint**: How to solve big problems and test new ideias in just five days. New York: Simon & Schuster, 2016.

KNIBERG, H.; IVARSSON, A. **Scaling Agile @ Spotify with Tribes, Squads, Chapters & Guilds**. 2012. Disponível em: <https://blog.crisp.se/wp-content/uploads/2012/11/SpotifyScaling.pdf>. Acesso em: 2 dez. 2021.

KOTLER, P.; KARTAJAYA, H.; SETIAWAN, I. **Marketing 4.0**: do tradicional para o digital. Rio de Janeiro, RJ: Sextante, 2017.

LAM, C. 9 startups que mudaram de rumo para ter sucesso. **Exame**, 13 set. 2016. Disponível em: <https://exame.com/pme/9-startups-que-mudaram-de-rumo-para-ter-sucesso/>. Acesso em: 2 dez. 2021.

LEE, A. Welcome to The Unicorn Club: Learning from Billion-Dollar Startups. **TechCrunch**. 2 nov. 2013. Disponível em: <https://techcrunch.com/2013/11/02/welcome-to-the-unicorn-club/>. Acesso em: 1º dez. 2021.

LYNN, G. S.; REILLY, R. **Produtos arrasadores**: 5 segredos para desenvolver produtos vencedores. Rio de Janeiro: Campus, 2003.

MAGALDI, S. A maior armadilha do sucesso é o próprio sucesso. **Sandro Magaldi**, 8 out. 2014. Disponível em: <https://www.sandromagaldi.com.br/a-maior-armadilha-do-sucesso-e-o-proprio-sucesso/>. Acesso em: 2 dez. 2021.

MAGALDI, S.; SALIBI NETO, J. **O novo código da cultura**: vida ou morte na era exponencial. São Paulo: Gente, 2018.

MARQUES, E. C. **[Sem título]**. Singapura, 2017. Comunicação no Global Google Business Group Summit.

MARQUES, J. R. O que é rapport. **Instituto Brasileiro de Coaching**, 26 abr. 2019. Disponível em: <https://www.ibccoaching.com.br/portal/coaching-e-psicologia/o-que-e-rapport/>. Acesso em: 4 dez. 2021.

MARTINS, C. Como medir a lucratividade? Primeiro passo: conheça os modelos de receita. **ACE Startups**, 7 dez. 2018. Disponível em: <https://acestartups.com.br/modelos-de-receita-para-startups/>. Acesso em: 2 dez. 2021.

MCKINSEY & COMPANY. **Covid-19**: Briefing materials. Global Health and crisis response. Update: July 6th, 2020. Disponível em: <https://www.mckinsey.com/~/media/mckinsey/business%20functions/risk/our%20insights/covid%2019%20implications%20for%20business/covid%2019%20july%209/covid-19-facts-and-insights-july-6.pdf>. Acesso em: 5 dez. 2021.

NIC.BR – Núcleo de Informação e Coordenação do Ponto BR. CETIC.BR. Centro Regional de Estudos para o Desenvolvimento da Sociedade da Informação. **TIC domicílios**. 28 out. 2019. Disponível em: <https://www.cetic.br/media/docs/publicacoes/2/20201123121817/tic_dom_2019_livro_eletronico.pdf>. Acesso em: 1º dez. 2021.

NÓBREGA, M. de F. **Você está contratado!** Um guia completo para você conquistar o emprego dos seus sonhos. São Paulo: Évora, 2018.

NOGUEIRA, V. S.; ARRUDA, C. Causas da mortalidade das startups brasileiras: como aumentar as chances de sobrevivência no mercado. **Revista DOM**, v. 9, n. 25, p. 26-33, nov./fev. 2014/2015. Disponível em: <https://acervo.ci.fdc.org.br/AcervoDigital/Artigos%20FDC/Artigos%20DOM%2025/Causas%20da%20mortalidade%20das%20startups%20brasileiras.pdf>. Acesso em: 1º dez. 2021.

OECD – Organisation for Economic Co-operation and Development. **General Assessment of the Macroeconomic Situation**. Economic Outlook, Volume 2021 Issue 1. Version 1 – Last updated: 31-May-2021. Disponível em: <https://www.oecd-ilibrary.org/sites/edfbca02-en/1/3/1/index.html?itemId=/content/publication/edfbca02-en&_ga=2.239760330.817532260.1631727572-674617047.1631727572&_csp_=db1589373f9d2ad2f9935628d9528c9b&itemIGO=oecd&itemContentType=book#tablegrp-d1e146>. Acesso em: 5 dez. 2021.

ORNELLAS, M. **DesigneRHs para um novo mundo**: como transformar o RH em designer organizacional. São Paulo: Pólen, 2017.

OSTERWALDER A. Sketch Out Your Hypothesis. **Harvard Business Review**. 19 mar. 2013. Disponível em:<https://hbr.org/video/2363593484001/sketch-out-your-hypothesis>. Acesso em: 1º dez. 2021.

OUR WORLD IN DATA. **Coronavirus Pandemic (COVID-19) – the data**. Disponível em: <https://ourworldindata.org/coronavirus>. Acesso em: 15 dez. 2021.

PECK, P. Segurança de fábrica: a proximidade do 5G e a urgência de medidas de proteção. **Neofeed**, 5 dez. 2019. Disponível em: <https://neofeed.com.br/blog/home/seguranca-de-fabrica-a-proximidade-do-5g-e-a-urgencia-de-medidas-de-protecao/>. Acesso em: 3 dez. 2021.

PORTER, M. E. **Estratégia competitiva**: técnicas para análise de indústrias e da concorrência. Rio de Janeiro. Campus. 2005.

PRIVACIDADE hackeada. Direção: Karim Amer; Jehane Noujaim. EUA: Netflix, 2019.114 min.

REICHHELD, Frederick F. The One Number You Need to Grow. **Harvard Business Review Home**, Dec. 2003. Disponível em: <https://hbr. org/2003/12/the-one-number-you-need-to-grow>. Acesso em: 5 dez. 2021.

RIES, E. **The Lean Startup**. How Today´s Entrepreneurs Use Continuous Innovation to Create Radically Successful Businesses. New York: Crown Business, 2011.

ROMA NEWS. **Vídeo**: especialista fala sobre a importância da Lei de Proteção de Dados no Brasil. 7 abr. 2021. Disponível em: <https://www. romanews.com.br/cidade/advogado-fala-sobre-o-que-e-a-lei-de-protecao-de-dados-e-como-ela-e/114966/>. Acesso em: 3 dez. 2021.

RUNRUN.IT. **10 anos**: as mudanças da última década. Disponível em: <https://blog.runrun.it/wp-content/uploads/2017/08/infografico-. png>. Acesso em: 3 dez. 2021

SALESFORCE. **Second Annual State of IT**. 2017. Disponível em: <https://a.sfdcstatic.com/content/dam/www/ocms/assets/pdf/misc/2 017-state-of-it-report-salesforce.pdf>. Acesso em: 1º dez. 2021.

SALUM, F. A.; COLETA, K. A. P. G. **Novas formas de trabalhar**: impactos do *home office* em tempos de crise. Centro de Referência em Estratégia da Fundação Dom Cabral, Brasil, 2020. Disponível em: <https://www.fdc.org.br/conhecimento/publicacoes/ relatorio-de-pesquisa-34994>. Acesso em: 17 set. 2021.

SEBRAE – Serviço Brasileiro de Apoio às Micro e Pequenas Empresas. **O que é ser empreendedor?** 23 jan. 2019. Disponível em: <https://www.sebrae.com.br/sites/PortalSebrae/bis/o-que-e-ser-empreendedor,ad17080a3e107410VgnVCM1000003b74010aRCRD>. Acesso em: 1º dez. 2021.

SEBRAE – Serviço Brasileiro de Apoio às Micro e Pequenas Empresas. **Startups de base tecnológica**: o que diz a Portaria de regulamentação. 22 nov. 2018. Disponível em: <https://www.sebrae.com.br/sites/PortalSebrae/artigos/portaria-regulamenta-investimento-em-startups-de-base-tecnologica,f8bddocc69737610VgnVCM1000004c00210aRCRD>. Acesso em: 6 dez. 2021.

SEBRAE – Serviço Brasileiro de Apoio às Micro e Pequenas Empresas. ENDEAVOR. **O que sua empresa quer ser quando crescer?** Como conduzir a expansão do seu negócio. Disponível em: <https://bibliotecas.sebrae.com.br/chronus/ARQUIVOS_CHRONUS/bds/bds.nsf/e602e38ea0dc43c5cd4710bcc050e687/$File/6072.pdf>. Acesso em: 6 dez. 2021.

SERPRO – Serviço Federal de Processamento de Dados. **Mapa de proteção de dados**. Disponível em: <https://www.serpro.gov.br/lgpd/menu/a-lgpd/mapa-da-protecao-de-dados-pessoais>. Acesso em: 3 dez. 2021a.

SERPRO – Serviço Federal de Processamento de Dados. **O que muda com a LGPD**. Disponível em:<https://www.serpro.gov.br/lgpd/menu/a-lgpd/o-que-muda-com-a-lgpd>. Acesso em: 3 dez. 2021b.

SERPRO – Serviço Federal de Processamento de Dados. **Quais são seus direitos?** Disponível em: <https://www.serpro.gov.br/lgpd/cidadao/quais-sao-os-seus-direitos-lgpd>. Acesso em: 13 dez. 2021c.

SERPRO – Serviço Federal de Processamento de Dados. **Seu consentimento é lei**. Disponível em: <https://www.serpro.gov.br/lgpd/cidadao/seu-consentimento-e-lei>. Acesso em: 3 dez. 2021d.

SENSOR TOWER. **Top Charts: iPhone**. Disponível em: <https://sensortower.com/ios/rankings/top/iphone/us/all-categories?date=2021-06-04>. Acesso em: 5 dez. 2021.

SLING CAPITAL. **Captação de recursos para startups**: BR × EUA. 2019. Disponível em: <http://www.genesis.puc-rio.br/media/biblioteca/Captacao_de_recursos_para_st.pdf>. Acesso em: 6 dez. 2021.

SNAQ. **Reports**. Disponível em: <https://www.snaq.co/reports>. Acesso em: 6 dez. 2021.

SOCIALBAKERS. Disponível em: <https://www.socialbakers.com/>. Acesso em: 6 dez. 2021.

SORENSEN, H. E. **Business Development: A Market-Oriented Perspective**. New York: John Wiley & Sons, 2012.

STARTUP GENOME. **Reports**. Disponível em: <https://startupgenome.com/reports/gser2020>. Acesso em: 6 dez. 2021.

SUN TZU. **A arte da guerra**. São Paulo: Novo Século, 2014.

TEARE, G. The New Unicorns Of 2019. **Crunchbase News**. Dec. 27, 2019. Disponível em: <https://news.crunchbase.com/news/the-new-unicorns-of-2019/>. Acesso em: 4 dez. 2021.

TRINDADE, R. Grande irmão: China proibiu 23 milhões de viagens de avião ou trem em 2018. **UOL**, 3 mar. 2019. Disponível em: <https://www.uol.com.br/tilt/noticias/redacao/2019/03/03/grande-irmao-china-proibiu-23-milhoes-de-viagens-de-aviao-ou-trem-em-2018.htm>. Acesso em: 3 dez. 2021.

UNIÃO EUROPEIA. Regulamento (UE) 2016/679 do Parlamento Europeu e do Conselho. **Jornal Oficial da União Europeia**, Bruxelas, 27 abr. 2016. Disponível em: <https://eur-lex.europa.eu/legal-content/PT/TXT/PDF/?uri=CELEX:32016R0679&from=PT>. Acesso em: 3 dez. 2021.

VARGAS, I. Entendendo um pouco sobre a cultura ágil do Spotify. **CWI Software**, 22 jan, 2018. Disponível em: <https://medium.com/cwi-software/entendendo-um-pouco-sobre-a-cultura-%C3%A1gil-do-spotify-57125722b88c>. Acesso em: 2 dez. 2021.

VOIGT, A. **Entrevista concedida a Cris Alessi**. [S.l.],17 de jun. 2020.

WALTON, M. **The Deming Management Method**. Nova York: A Perigee Book, 1986.

WGSN. LINKEDIN. **O futuro do trabalho**. 2019. Disponível em:<https://www.futurodotrabalho.co/sobre>. Acesso em: 30 ago. 2021.

WORLD ECONOMIC FORUM. **Jobs of Tomorrow**: Mapping Opportunity in the New Economy. Switzerland, January 2020. Disponível em: <http://www3.weforum.org/docs/WEF_Jobs_of_Tomorrow_2020.pdf>. Acesso em: 2 dez. 2021.

ZAMBRANA, L. **10 pitch decks lendários para você se inspirar**. Associação Brasileira de Startups, 2017. Disponível em: <https://abstartups.com.br/10-pitch-decks-lendarios-para-voce-se-inspirar/>. Acesso em: 4 dez. 2021.

Sobre a autora

Cris Alessi é especialista em Marketing Digital pela Universidade Federal do Paraná (UFPR) e em Comunicação Digital na Gestão Pública pelo Instituto de Ensino e Pesquisa (Insper). Graduada em Publicidade pela Pontifícia Universidade Católica do Paraná (PUC-PR), trabalhou em agências de publicidade e foi proprietária de agência. Atuou nas Secretarias de Comunicação Social da Prefeitura de Curitiba e do Governo do Paraná. Desde 2018, é presidente da Agência Curitiba de Desenvolvimento e Inovação, responsável pelos projetos de inovação de Curitiba com o movimento Vale do Pinhão. Também é presidente do Conselho Municipal de Inovação de Curitiba e presidente nacional do Fórum Inova Cidades e do Conselho Assespro de Mulheres na Tecnologia. Board Member, palestrante e professora. Master Class Governança & Nova Economia certificada pelo Instituto Governança & Nova Economia.

Impressão: Gráfica Exklusiva
Março/2022